司马迁和他的《史记》

姚大力 著

复旦大学出版社

目 录

谈古论今第一人——司马迁和他的《史记》……… 1

一、被下狱的太史令 ……………………………… 1

二、艰难的抉择 …………………………………… 9

三、从耕读龙门到走进长安……………………… 15

四、壮游万里,观想古今 ………………………… 27

五、做郎中官的十年……………………………… 35

六、从封泰山 ……………………………………… 44

七、痛诉辛酸报任安……………………………… 54

八、"无韵之离骚"………………………………… 64

九、"史家之绝唱"………………………………… 74

十、身死之谜 ……………………………………… 84

把过程植入历史书写——论司马迁对中国历史编撰学的突破 …… 94
    一 …… 94
    二 …… 99
    三 …… 109
    四 …… 117
    五 …… 124
    六 …… 138
    七 …… 147
    八 …… 170

外一篇

漫谈读书 …… 186
    一、前言：书贵熟读 …… 186
    二、"读书须成诵"的启示 …… 194
    三、"不动笔墨不翻书" …… 202
    四、专一与善疑 …… 211
    五、入味而贵自得 …… 219

谈古论今第一人
——司马迁和他的《史记》

一、被下狱的太史令

汉武帝天汉二年(公元前99年),正好也就是武帝封禅之后的第十年,在蒙古草原的西北山地,两支军队遭遇了。其中一方是西汉将领李陵所率领的五千步兵,而另一方则是汉朝的宿敌——匈奴单于亲自率领的三万铁骑。

五千步卒面对三万骑兵,这个仗怎么打?让我们想不到的是,处于绝对劣势的汉军,居然差一点就击败了人数和装备都远胜于自己的匈奴军队。不幸的是,汉军的虚实被一个投降匈奴的俘虏捅给了本来已打算弃战撤军的单于。这支孤军深入的西汉远征部队最终全军覆没。更让人八辈子都猜不到的是,这一场战役的结果,彻底改变了中国历史上伟大的历史学家,也就是我们故事的主人公司马迁后半生的命运。

那么到底发生了什么呢?

雄才大略的汉武帝,凭借西汉自开国以来休养生息七十余年所累积下来的雄厚国力,于元光六年(前129)主动出击匈奴,拉开了长达数十年的对匈奴战争的序幕。从那时起到天汉二年,每次主要的军事行动,出动的兵力均不下于一万骑兵。其中有两次著名的远征,更是达到十万骑兵的规模。为什么独独在天汉二年,西汉竟会派出一支人数只有五千,而且全是步兵的军队深入匈奴?

这要从率领这支军队的将军——李陵说起。李陵是西汉名将、"飞将军"李广的孙子。李家自李广以下,三世为将,具有令名。李广一生都在与匈奴作战,自称"自结发与匈奴大小七十余战"。他曾担任右北平的太守,匈奴畏惧,数岁不敢犯边。"飞将军"的外号就反映了匈奴对这位劲敌的畏惧和尊敬。李广之子李敢,曾从骠骑将军霍去病出击匈奴左贤王,力战夺得左贤王的旗鼓,杀敌甚多。他因此获得关内侯的爵位,是西汉二十等爵位里仅次于通侯的最高级爵号。身为名将之后的李陵被武帝任命为建章宫监，骑射皆精，爱士卒，能得人死力。

天汉二年，武帝决定再次进攻匈奴，派遣贰师将军李广利率三万骑兵从酒泉出发，击匈奴右贤王于天山。这时李陵正好领兵戍守在李广利大军出发的酒泉、张掖一带。武帝想让李陵为李广利护卫辎重，但是李陵满心不愿意。这又是为什么呢？

原来，李广利本来与他哥哥李延年同为武帝的乐师。他们的妹妹长得很漂亮，是汉武帝的宠姬。这就是说，李广利和他之前的卫青、霍去病一样，是靠着裙带关系才得到汉武帝的照顾，由以成为率领千军万马的大将军。在这之前不久，武帝为帮助李广利建功封侯，曾派他做统帅出征西域的大宛国（首都在今乌兹别克斯坦的费尔干纳）。他虽然打了胜仗，但是因为不爱惜部下，军队的损失很大。虽然可以借这场胜仗封他一个"海西侯"，但连武帝自己都知道，李广利因此封侯，不足以使天下心服。所以武帝接下来又命令李广利带三万骑兵征讨匈奴的右贤王，并让李陵配合李广利的军事行动。

李陵身为将门之后，自然不屑跟在皇帝的这个平庸无能的大舅子后面走。他向汉武帝要求自为一军，单独行动，以分散、牵制匈奴的兵力。汉武帝大概也察觉到了李陵对李广利的轻视,说:"你不愿意受李广利的节制吗?我派出的军队已经太多,再也没有骑兵可以派给你了!"不料李陵豪迈地回答:"不用骑兵,臣愿率五千步卒直捣单于王庭!"武帝被李陵的壮勇打动,于是答应了他的请求。武帝曾指派另一名将军路博德掩护李陵。路博德也不甘心做李陵的后援,七搞八搞,他后来竟被另外调遣。这样李陵的五千步兵就成了一支深蹈不测之险的孤军!

李陵面对的,是由匈奴的最高统治者单于亲自率领的三万骑兵。单于在兵力上占据了绝对优势,便下令对李陵的军队发动进攻。不料这五千汉军异常勇猛,非但打退了匈奴骑兵的冲锋,还乘胜追击,杀敌数千人。单于这才知道遇到了劲敌,连忙益兵至八万骑,围攻李陵。李陵且战且走,慢慢向汉朝边塞撤退。匈奴也紧追不舍,战斗最激烈时一天交战数十回。单于越追越没有信心:八万骑兵打五千步兵,非但拿不下,还搞得自己伤亡惨重;更可疑的是,这支小部队似乎是在把自己往南面引。难道汉军在边塞附近设了埋伏?他是否正在往人家的口袋里钻?单于犹豫起来,打算停止对汉军的追击。

但是就在这个节骨眼上,李陵的军中出了一个叛将。大概实在没有再苦战下去的勇气,他投奔到匈奴一边。这一来,单于就完全掌握了李陵的底牌:他既没有后援,而且箭也快用完了。匈奴军队现在毫无后顾之忧,死死咬住李陵不放。汉军的箭全部用尽,斩断车轮的辐条作为武器,连军中的文员都手持短刀上阵搏杀。最后一场鏖战后的夜晚,李陵试图突围失败,部队被完全打散。只有三四百人陆续逃回到汉朝边塞。李陵回想当初的豪言壮语,反观眼下兵败如山倒的局面,深感没脸回去见汉武帝,便投降了匈奴。

李陵之降,不但给他本人和他的家庭造成巨大的悲剧,他的案子还把当时正在宫廷里担任"太史令"官职的司马迁也一起牵连了进去。

李陵兵败前,曾派遣校尉陈步乐向武帝汇报军情。陈步乐说,李陵深得士卒之心,这支远征军士气高昂。那时武帝非常高兴,公卿王侯都争先恐后地赞扬武帝有知人之明,朝中一片歌功颂德之声。汉军覆亡的消息传来,他们立即变了一副面孔,纷纷指责李陵。汉武帝为向远方的李陵施加压力,所以把他的老母亲和妻子抓到首都看管起来,欲驱促李陵以死报国。但是不久便获得进一步的消息,说李陵已经投降。他非常失望,变得郁闷寡言,食不知味。群臣见皇帝如此,更加惶恐忧惧,不知所措。

面对这样的情景,一种仗义执言的冲动在司马迁胸中像潮水一样地起伏涨落。他与世代出名将的李家并没有很深的交往,但也不是毫无因缘的陌路人。李广在司马迁最初进入汉武帝的内廷担任郎中时,刚刚离开统领郎中的长官,即郎中令的职位;而接任李广、成为司马迁顶头上司的人,就是李广的儿子李敢。李广之孙李陵又与他同在内朝做侍卫性质的官,可以算半个同事。因此可以说,司马迁一直是在不远处默默地关注着这一家子所遭遇的不寻常的命运。对李广被迫自杀、李敢又因冲撞卫青而被霍去病害死,司马迁大概一向怀有不平之心。如今李陵孤军深入,作战到矢尽力竭才被迫投降,而那班贪生怕死、卑鄙势利的"全躯保妻子之臣"就忙着对李陵落井下石。这更使司马迁为李陵感到不公平。他的侠义心肠一定是在激励着他,使他不能对此报以沉默。另一方面,看到皇帝一副"惨怆怛悼"的样子,他也很想为皇帝分忧解愁,来报答武帝提拔他为太史令的知遇之恩。

恰恰在这时候,汉武帝问起他对这件事有什么看法。司马迁满心以为这是一个替李陵说几句公道话、并且好好安慰一下武帝本人的良机,所以就把自己郁积多日的话一股脑儿倒将出来了。他对武帝的话,大意是说:李陵平素对同僚"绝甘分少"(无争利之心,取少予多),与士卒同甘共苦,所以士兵们都肯用命效死。古代名将所能做到的也不过如此。他虽然投降,看他的意图,无非是想寻找适当的时机,报答皇帝对他的恩遇。这实在是无可奈何的选择。再说,他击败匈奴的战功,也足以向天下表白自己奋力报国的心迹了。

如果司马迁只是强调李陵有"国士之风",他的投降不过是留有用之身以图后报,情况或许还不会像后来发生的那般糟。但是司马迁的心里少了一根弦。为说动武帝,他还在那里竭力赞扬李陵的战功。这就正好触痛了被武帝刻意隐藏着的他的一个心病!

和李陵同时出塞进攻匈奴的,还有汉武帝的大舅子李广利。他率领三万骑兵从酒泉出发,击匈奴右贤王于天山,歼敌一万余人。但在回来的路上中了埋伏,士卒损失十之六七。就像不久前远征大宛一样,李广利又一次白白辜负了武帝一心一意为他创造的建立辉煌战功的机会。这在武帝内心引发出一种难以言说的挫折感。在司马迁看来,他赞扬李陵的战功是为了告诉汉武帝,李陵已经尽了自己最大的努力,所欠的只有一死;而李陵之所以不死,又不是因为贪生怕死。但在汉武帝看来,李陵率五千步兵所创的战绩越大,就越显得统领三万骑兵的李广利是何等无能。司马迁这么说,分明是为了打击李广利而有意抬高李陵!进一步去想,这也就是在指责皇帝任人唯亲,用人不当,以至于真正有能力的人遭受不公平的待遇,而给国家带来那么大损失的无能之辈却有过不罚,依然享受高爵厚禄。自己心里有了鬼,就难免变得异常敏感。专制皇帝的喜怒无常,很容易地就直接转化成当事另一方的生死之灾。司马迁被下狱了!他的一伙朋友谁也不敢出来奔走营救,甚至连去探一探监都没有勇气。武帝左右的亲贵更没有谁肯为他讲一句话。廷讯的结果,司马迁被定了一个"诬罔"的罪名。这是在天汉二年岁末前后。

但在定罪之后不久,情况似乎又出现了某种好转。当汉武帝从满腹的愤怒和猜忌中清醒过来时,他发现司马迁的话好像也有点道理。他甚至对自己在当年的调度失当也有了些许反省。他后悔地说,其实当初应该等到李陵出塞之后,再指派路博德作他的后援。这样,路博德就再也不敢寻找借口拒绝配合,而李陵也就不至于被置于孤立无援的危局之中了。作为补偿,武帝下令慰劳逃回来的那四百多名李陵所部残军。天汉四年(前97),武帝又出动二十万大军,分几路攻入蒙古草原。其中由公孙敖率领的一支,包括骑兵万人、步卒三万,特别奉命要注意寻找李陵,把他接回到汉朝来。可见司马迁的劝说起了一点作用。关在监狱里的司马迁,以及李陵妻子老母的命运,而今全都取决于公孙敖此行的结果如何了!

不幸的是,公孙敖在草原上吃了败仗,因此也就不可能纵横敌方疆域去寻找李陵。更加不幸的是,他非但没有寻获李陵,反而带回来一个坏消息:据一个匈奴俘虏说,李陵已在帮助匈奴训练军队,以专门对付汉军。后来的消息证明,真正帮助匈奴练兵的人,其实不是李陵,而是另一个名叫李绪的汉朝降将。但这已是后话了。由于公孙敖的这个并不确切的情报,汉武帝一年多以来正在逐渐平息下去的怒火,一下子又被吊升到顶点。李陵的母亲和妻子被处死。对早已被判定的司马迁的"诬罔"之罪进行惩处,现在终于也提上议事日程了。

"生存还是毁灭?"这个哈姆雷特式的问题,就这样被尖锐地搁置在司马迁面前。

二、艰难的抉择

司马迁的所谓"诬罔"之罪,也就是欺君之罪。这在当时是要被处以腰斩的。不过,那时放在司马迁面前的,还可能有三种选择。

一是拿钱来赎死罪。恰巧就在他的处罚将被执行之前，西汉政府公布了一条法令，宣布"死罪人赎钱五十万，减死一等"。这就是说，犯了死罪的人，若出钱五十万，便可以按照轻一等的处罚来执刑。所谓轻一等，当时指的是用竹杖责打三百杖。这条法令公布在天汉四年九月。司马迁后来回忆说："家贫，财赂不足以自赎。"可见上述法令在他受刑时已经存在了。有人甚至认为，它最初就是针对处罚司马迁而颁布的。五十万钱究竟是什么样一个概念呢？

西汉的官俸，也就是现在所谓官员工资，是按每年多少石谷子来衡量的。太史令是一个每年六百石的官职，实际支取数则是每月七十石。司马迁是在武帝封禅的第三年，也就是元封三年（前108）被任命为太史令的。从那时直到天汉二年被下狱，司马迁一共做了十年的太史令。他在这十年内的总收入为八千四百石，按当日市价折合铜钱，为一百万八千钱。也就是说，死刑的赎金，相当于司马迁做十年太史令所得全部收入的一半。但是他实际上拿不出这么多钱来。是不是有人肯解囊相助呢？用他自己的话来讲，叫做"交游莫救，左右亲近不为一言"。也许他们怕的还不是出点钱，而是怕因为帮助了直接得罪皇帝的人而招来横祸。因此用钱来赎死，这条路对司马迁根本不现实。

第二种选择是接受宫刑来代替死刑。说到这里,就需要介绍一下,宫刑究竟是怎么回事?它对汉朝时候的人,尤其是对汉朝的士大夫,又意味着什么?

中国古代处罚罪犯的刑法种类,一般称为"五刑",由轻到重分别是墨刑(把犯罪人的额头皮肤割开,然后在伤口处下墨汁,留下终身擦不去的墨印。又叫"黥刑")、劓刑(割去鼻子)、刖刑(截腿,或是剥去膝盖上的髌骨,所以又叫"膑刑",后来稍微减轻一点,改为斩断左趾或右趾,叫"断趾",断趾之刑在秦代十分流行);宫刑,男子割去生殖器官即睾丸,女子则幽闭在宫中,终生不得婚配;最后一种便是死刑。死刑的执行方式除斩首外,还有"轘"(音"环",即用四辆车或五辆车对犯人实施"车裂",把受刑者的身首四肢活生生地撕扯开来)、椹质(即腰斩)、枭首(处死后将首级挂在高杆上示众)等。可见最初所谓"五刑",有四项属于身体刑,一项是生命刑;其中没有包括自由刑(就是用限制罪犯的人身自由来处置罪犯的徒刑)。徒刑要到秦王朝时期才比较常用。将犯人的头发剃光,男人去筑城墙(包括修筑万里长城),女人用来替官府舂谷子。

五刑里的宫刑,在远古时候,曾经是专门惩治淫乱的一种刑法。所以仁井田陞以为,它最初属于"对应处罚刑"。即罪犯使用身体的什么部位来实施犯罪,就用残毁犯人相应部分肢体的方式来予以惩治。古代印度对偷窃者处以砍手、对在高贵的人面前放屁处以在臀部烫上烙印,也都是"对应处罚刑"。后来,宫刑逐渐地不止于用来惩治淫乱。它被视为仅次于死刑的重刑,又叫"下蚕室"。古人相信受宫刑后的疮口若经风吹,便要感染,导致"破伤风",所以受刑时以及受刑后的一段时间里,必须呆在像饲养蚕茧的屋子那样温暖而不透风的地方。

大约在司马迁出生之前的近三十年,汉朝政府已经颁布了废止肉刑的明令。但从这以后刑罚执行的实际情况来看,真正停止使用的仅限于劓刑和斩断脚趾的刑罚;黥刑与宫刑仍然在使用,尽管终究不会再像从前那样盛行了。宫刑最终被废除,还要等到隋朝前期,那已是在7世纪前后。隋唐时形成了一种新的"五刑"体系,包括生命刑一等,也就是死刑(分斩、绞两种),自由刑两等,也就是流刑和徒刑,身体刑也有两等,即杖刑和笞刑(分别用木棍和竹板责打臀部)。所以,中国取消施加于肉体的酷刑,要比西欧社会早得多。在那里,火刑、车刑、溺刑、剜目刑、割耳割鼻刑、断手刑、烹刑、断舌刑之类五花八门的肉刑,要等到16世纪才被取消。

按中国传统的观念,身体发肤都受之父母,损伤身体发肤就是对父母的不孝。肤发尚且不允许伤及,像宫刑这样对身体的残害,当然就更无法接受了!被施行这样的刑法,成为"刀锯之余",不仅是侮辱自身,而且是对父母、祖先莫大的侮辱。司马迁说,"行莫丑于辱先,垢莫大于宫刑",就是这个意思。常人即已无法接受,对士大夫中间的一员,更是一种无法接受的侮辱。

也就是说,这里还有一个贵为士大夫,本应保持一种比常人更高尊严的问题。西汉虽紧接在暴秦的专制统治之后,但秦历年不久,还没有能把古代士大夫的贵族传统完全消灭。因此当时还多少保留着一种古代流传下来的贵族观念,叫作"刑不上大夫",或者叫"士可杀不可辱"。士大夫即使被认定有罪,一般也不肯接受被下狱、受监禁、面对刀笔吏盘问案情的下场。事实上,天子亦不敢轻易地就这样处置他们。高级官员一旦有涉案嫌疑,往往便手捧"盘水加剑"(盘水表示天子执法公正如水,加剑象征自裁),入请罪之室,等待天子发落。无论中罪、大罪,闻天子之命,即自杀身死。皇帝不会对他们加以捆绑、施以刑法,因为这样做对他们是莫大的人生侮辱,是比逼他们自裁更为严厉的处罚。有的人一时下不了死的决心,或者没有机会自裁,不幸被下狱。但在这之后,他们也常常面对法官不出一言,拒绝任何答复,最后以绝食了却一生。

比司马迁晚一些,西汉有一个名儒叫萧望之,以皇帝老师的身份被小人告发。朝廷要召他到官府问话,就派首都卫戍军把他的住宅包围起来。萧望之打算自杀,妻子劝阻他。他又向身边的学生征求意见。这学生是个"好节"之士,一口赞同导师本人的主张。萧望之长叹一口气说:"我曾经贵为将相,年纪也已到六十岁。老入牢狱,苟求一命,且不是太卑鄙了吗?"他于是对学生说:"去拿绝命药,不要再阻挡我去死。"他就这样自杀了。

可见在这样的时代氛围里,对一个士大夫来说,接受宫刑事实上比被处死更加不堪忍受。这样看来,司马迁也许只有走第三条路了。那就是坦然面对死刑,甚至是抢在受刑之前寻找机会自裁而死。

实情情况是,司马迁并没有采取上述第三种选择。就像后来的事实所证明的那样,他并不怕死。但他害怕身死名灭,他还有一件不容放弃的事要做。他需要活下来,以便将父子两代的心血最终转换为一部不朽的巨著。他为此已经花费了近十年的艰巨劳动,自觉离开这个目标的实现已经不太遥远。所以现在他还不能死,他还需要更多的时间!

一个伟大的学者与一个同等伟大然而残暴的专制君

王,就这样合演了一幕悲壮而荒诞的历史剧。司马迁终于被执行宫刑。他在同时代人们投向他的怜悯和鄙视的目光下活着。他在充满内心冲突的痛苦中活着。他的《史记》,就是在这样的烈火煎熬之中完成的。

不过所有这些,本来都应是后话。现在且让我们回过头来,从这位伟大历史学家的幼年讲起。

三、从耕读龙门到走进长安

按秦汉时代的风气,经常是"山东出相,山西出将"。这里的"山"指华山,司马迁是一个大文人,却出在当时的"山西"。可见特立独行的人,也可以不为风俗所限。

司马迁出生在今陕西韩城,地在黄河之西。黄河这一段由北向南流,把横跨陕西、山西的龙门山一劈两半。黄河水位在这一段有很大的落差,河水形成"龙门三跌"的壮观,然后南流而去。"鲤鱼跳龙门"的故事,最早就应该产生在这里。相传每年三月冰雪融化时,几千条鲤鱼逆流而上,聚集在这里,为的是跃上台阶状的河床。跳上龙门的,便成龙升天。司马迁就是这样一条在艰苦绝伦的逆境中跃上龙门的鲤鱼。他凭他那部不朽的著作《史记》,登上了中国历史编纂学的一座巨峰。说他是"谈古论今第一人",没有人会觉得过分的。

他自己说,"迁生龙门",小时候"耕牧于河、山之阳"。古时候以河之北或者山之南为阳。他的家乡在黄河之北(其实是西)、龙门山之南,所以说是"河山之阳"。关于他这一段幼年的"耕牧"生活,我们知道得不多,他自己接着上面一句说到的,已是"十岁则诵古文"。所谓"古文",是指的秦统一之前就流传下来的《国语》、《左传》等书,因为它们不是用秦朝统一后所通行的隶书体写的,所以叫"古文"。

司马迁学习古文,他的老师大概就应当是他自己的父亲司马谈。司马迁十岁前后,他父亲已被汉武帝召到长安去,担任的官职叫"太史丞",后来又做了"太史令"。太史丞、太史令的职务,主要是观察天象变化、制定历日、为朝廷大事预测凶吉。当时人普遍认为天文现象与人世间的重大事件之间具有一种很神秘、很紧密的呼应关系,因此,连带观察和记录人间社会的重大事件,或许也就属于太史令的职责范围。应该是在十岁上下,司马迁结束他所谓的"耕牧"生活,迁居到了西汉首都长安,去跟在朝廷里做太史丞的父亲一起生活。由于职务的关系,司马谈对古今历史向来十分留意。在对自己的儿子进行启蒙教育时,他把这种兴趣也深深地移植在少年司马迁的思想里。

是的，韩城对这个十岁上下的少年来说，已经显得太小了一点。幸亏他有机会居住到京都长安。这应该说是他的幸运：在西汉王朝正处于迅速迈向全盛时代的当口上，他正好走进了"天下"的中心。

春秋末叶以后，华北陷入"七国争雄"的战争状态长达两三百年。那时候，战争的持续时间之长，战争动员所涉及范围之广，战争残酷程度之剧烈，都是空前的。所以后来人使用"战国"两个字来概括那个时代。这个时代好不容易由秦的统一而结束。但紧接着又发生秦始皇的暴政，秦末农民起义，以及由秦末农民起义演变而来的楚汉战争，一打又是近十年。秦首都咸阳被项羽烧成一片灰烬。华北是满目疮痍，南部中国本来还没有获得开发。西汉初年，政府穷到连天子都找不到四匹同样颜色的马来拉车，将相大臣则只好坐牛车代步。

这样一种经济凋敝的局面，逼得西汉前期的政府只好采用"轻徭薄赋"的"无为"政策，好让百姓"休养生息"，从极度贫苦和疲惫的状况中喘过一口气来。经过五六十年的恢复，形势才逐渐有了转机。国家变得富庶起来，国库里"贯朽而不可校，太仓之粟陈陈相因"（积累的钱币因长期不使用，以致穿在钱孔中的绳索都腐烂了；官仓里收来的谷子长期不消费，都一批一批地变成陈谷）。经济的复苏和发展,跟着带来社会生活各领域的全面繁荣。它最突出的表现,就是一大批极其杰出的人物,不约而同地涌现到那时的历史舞台上。其中有很多人直到今天仍是大名鼎鼎的。如文学家司马相如,军事家李广、卫青,天文学家唐都、落下闳,外交家张骞,经学家董仲舒、孔安国,音乐家李延年,幽默大师东方朔等等。其中当然也包括我们这档节目的主角、历史学家司马迁本人。所以,毫不夸张地说,公元前第二世纪的下半叶,真是一个星汉璀璨的年代。

如今,司马迁可以在帝国的中心,亲身见证这个星汉灿烂的年代了!

在司马迁走进长安城的时候,那里不但生活着上面提到的那一大群赫赫有名的人物,而且在长安城的天子宝座上,恰巧坐着一个把自己的天才与平庸同时都发挥到极致程度的皇帝。他就是汉武帝刘彻。他比司马迁大十六岁,在司马迁六岁时登上皇帝位,在位凡五十四年(前140—前87),属于中国历史上在位年代最长的少数几个皇帝之一。

上面已经说过,西汉长期奉行"无为而治","六十余年,天下怀安"。武帝当朝时,国家越来越富足,社会关系也日趋复杂而活跃多变。这种情况,一方面不允许政府继续"无为"下去；另一方面，现在要想有所作为，也有了物质和政治的基础。这就为武帝变"无为"为"有为"，放开手去施展他在文治武功方面的雄才大略，提供了一个再恰当不过的时机。

这是中国历史上很少几个大开边功的时期。武帝朝在南面平定了位于今广东的南越政权。在西南，汉朝攻灭了云贵高原上的滇国。于是就把西汉的南方疆域扩大到今天的中国边界，甚至比它更南面的地方。在北方，西汉在这时连续发动了三次大规模的对匈奴战争，把匈奴驱逐到今天蒙古国境内的草原上。在西面，为了联合西域各国，实现"断匈奴右臂"的战略设想，西汉派张骞出使今中亚地区。由此，中国人第一次详细地了解到河西走廊西端以外那个极其广大的地区。

在内政方面，武帝做了三件重大的事情。一是继承前朝的政策，不动声色地化解了汉初所封的同姓诸侯王的最后势力。二是"独尊儒术"，为后来的历朝历代定下了意识形态的基调。从孔子以来在政治上一直不吃香的儒家学说，至此获得了长期统治中国思想领域的地位。三是通过实行盐铁专卖，强化中央政府的财政资源。

武帝统治时期的西汉，就以这样一个"全盛"时代的形象，被记录在中国的历史里。

雄才大略的刘彻当然还有他作为个人的另外一面。

他本是一个率性到荒唐的人。即位后的最初几年，朝政实际上还控制在一手把他扶上皇位的太皇太后窦氏手里，武帝事事做不得主。在郁闷之中，他竟逐渐迷恋上在月夜乔装，骑马出宫，到民间胡闹的消遣。那时他经常冒用姐夫曹寿的封号"平阳侯"，在夜里带了一帮人，"微服乘马出游"。有一次因为他的马队践踏了太多的农田，激起民愤，被当作流氓团伙受到当地县令围捕。又有一次，他闯进民宅，看中了人家的婢女，就强迫人家陪着他在那里宿夜。结果遭人袭击，差一点丢了命。窦太后死去之后，他确确实实地管起天下来，大概没有再像这般行事。但其实他还是照样荒唐，只不过"荒唐"的形式有所改变而已。

一是贪好女色。据说他自称可以三天不食（他在后半辈子练过辟谷），却"不能一时无妇人"。一时者，一个时辰也。在他之前，西汉皇帝的宫室中，"宫女不过十余，武帝时，取妇女数千人以填后宫"。宫人既多，最幸运的人也不过"数年一再遇"。他出游各地时，也经常带两三百妇人，"载入后车"。

另一件荒唐事是希求长生，所以就好神仙。他自己说过，如果能像传说里的黄帝那样不死而升天，那么他丢弃妻子儿女就会如同丢弃破鞋子。《史记·封禅书》就生动地记录了他屡次求仙,屡次失败,至死而不悟的经过。

其三是刚愎而又深怀猜忌之心。秦始皇无理杀人,尚须有一个"入则心非,出则巷议"的说法来作理由,也就是说,至少还有"巷议"(到街头去散布不满或小道消息)这样"现行"的罪名。汉武帝则可以用"腹诽"的罪名杀人。说人家犯了在肚子里诽谤他的罪,这就真变成了"欲加之罪,何患无辞"!武帝时期的丞相,如果从他亲政(也就是窦太后死后)算起,总共有十人。其中有四人病死、一人免职,还有五个都是被他处死的(自杀三人,腰斩一人,族诛一人)。公孙贺被任命为丞相时,竟至于惊恐万状,顿首涕泣,不敢接受官印,口称"从今天起,我就危险了"。后来他果然被族诛。

这样一个汉武帝,表面上讲仁义,内心其实多欲而猜忌,就是司马迁即将要侍奉的君主。他既喜爱司马迁的才华文章,又容不得他独立的思想与人格。因此不难理解,当司马迁被他猜疑为是在婉转地攻击自己宠爱的将领兼亲戚时,他会把何等的怨怒加在司马迁头上。

不过,刚刚到达京城长安的司马迁还不容易看到这里隐伏的凶险。长安城集中体现了那个时代正在迅速上升的社会财富、国家权力与文化艺术。司马迁成为这一繁荣的见证。他在长安读书将近十年,这期间很可能曾向当时正在首都的董仲舒、孔安国等大儒问学。在他后来的思想中,儒家影响的色彩很浓,不像他父亲那样崇尚黄老之学,也许就与董仲舒等人对他的影响有很大关系。他不但能在各种场合遇到第一流的学问家,而且或许还能因为父亲的职务关系,间接地通过父亲转述,接触到收藏在国家图书馆里的各种书籍。那时离秦的禁书令被废除已有几十年,各种各样的书籍正在被人们重新发掘出来。身处在全国文化中心,接触这些书籍的条件,是僻居在韩城龙门这样的小地方所万不能比拟的。

司马迁十九岁那年,他的家庭迁居到距长安城西北八十里的茂陵。汉代有一种制度,把天下豪强富猾迁到京城附近的诸帝陵区居住,好对他们进行就近监视。汉人把这个做法叫做"内实京师,外销奸猾,此所谓不诛而害除"。到他十九岁时,武帝为自己预修陵寝已有十二年,墓在长安西北槐里的茂乡,所以叫"茂陵"。于是把各地的豪杰以及家产三百万贯以上的人都迁往茂陵。司马谈一家也在这时搬迁到茂陵新居。

在茂陵新居,司马迁亲眼目睹了当时的一位大侠,叫郭解。此人年轻时曾做过很多坏事。与人交接,一不合意便动手杀人,私铸伪钱币,盗墓掘宝也是家常便饭。但他的运气很好。犯了罪,不是侥幸逃脱,便是遇到大赦、免于被追究。年长之后,随着阅历和势力的增加,他的行为发生很大的改变。他开始乐善好施,帮助别人后总是不愿张扬;待人接物往往以德报怨,为人谦恭;生活上也很节俭。但他仗义赴难、扶弱救急的侠义心肠却没有改变。有一次,他姐姐的儿子仗势欺人,聚众酗酒时强行对一个狐朋狗友灌酒,结果打起来,被对方杀了。郭解的姐姐拒不收尸,想以此胁迫弟弟出面干预。郭解派人暗访到那个躲藏起来的凶手,当面问明情况后说:"你杀他本没有错,是我的外甥理亏。"于是放走那个人,把外甥埋葬了事。这件事传开后,他比从前更得人心了。

据说郭解的家产并没有三百万贯,但他还是被列入迁徙的名单中。郭解动员了朝中大将军卫青去替他说情。武帝说,郭解虽然是一介平民,居然能支使大将军替他说话,看来家里不会没有钱。结果仍被强制迁移。他到关中之后,当地豪杰,无论过去与他是否相识,都争相和他结交。朝廷最终还是找了一个罪名把他杀掉了。

司马迁对郭解被处死充满了惋惜。他并不盲目崇拜所谓"侠义之士"。他说,像战国"四君子"那样的"侠义之士",不过是凭借了强大的政治经济势力,就像是"顺风而呼,声非加疾,其势激也"。还有一大批侠客被司马迁称为"豪暴",专门欺凌贫弱,横行霸道,是游侠中的丑类。但在他看来,像郭解这样的侠客,虽说为人短小,貌不及中人,也不会说话,但言必信、行必果、诺必诚,有舍生赴义的气概,所以天下人无论社会地位高下,全都仰慕他的名声。司马迁赞扬郭解,很可能是把郭解一类人看作是"在铺天盖地的专制政治巨压下",为走投无路的人挣扎出来的"一条缝隙"(徐复观语),至少使受压制的人们能喘上一口气。他悲哀地感叹,自从郭解死后,天下为侠者虽多,却再没有足以称道的人了。

在长安读书将近十年后,二十岁的司马迁在父亲的支持下出发,去游历全国各地。他要用自己的亲身经历,去验证书上所提到的种种山河形势和民间风情,去感受那些凝聚了沉重的历史分量的古迹旧地。他要通过行万里路来激发自己的历史想象力,使从书面记载里获得的知识活起来、丰满起来、立体起来,使它们真正化作能在自己脑海里一幕一幕展演的历史剧。

对司马迁的出游,还不能仅仅从"读万卷书,行万里路"的角度来理解。尽管他已到了当时的政治、文化中心长安,但这个都城所在,也包括司马迁故乡所在的那个区域,当时恰恰又是文化底子较薄弱的地方。

秦汉帝国的核心地区在华北,华北作为核心地区又可以分为两块。东边是黄河中下游平原,西边是渭水平原;这两块之间被太行山、吕梁山脉,以及由北向南流的黄河所阻隔,只有在南面互相连通。在连通两边的最主要一条道路上,有一个著名的关口,叫函谷关(秦汉以后函谷关湮废,它的功能遂为更西面一点的潼关所取代)。函谷关附近,有天险华山。所以东面这一块称为关东,又称山东,西面的渭水平原则称为关中(不大称关西,因为渭水平原四方都有关隘,将它包围在当中。当然,通向关东的,也不只有一个函谷关。如它东南还有武关,也是一处天险要塞。刘邦从关东杀进关中,就没有走函谷关,因为那里有重兵把守,而是走的武关)。古代中国文化底蕴最丰厚的地区是关东。关中虽是秦统一全国的根据地,但秦在很长时期内被关东六国看作"虎狼之国",是没有什么文化的。春秋战国时文化名人,差不多没有出于关中的。这里本来文化底子就不厚。加上秦始皇焚典坑儒,执行得最彻底的,当然是在他统治的根据地,所以关中在文化上一向不如关东。要讲历史文化的沉淀,那优势全不在关中,而是在关东。

在上面所说的核心地区之外,秦汉时代的次发达地区就是淮汉以南的南部中国,当时称为楚地,又分东楚、西楚和南楚。这个广袤的地区,在春秋战国时期发展得极快。从政治军事的实力来说,楚国在对抗秦国的局面里占有一种非常特殊的地位。当时曾流传"楚虽三户,亡秦必楚"的说法,秦始皇死后,起来反秦的人,果然都打出楚的旗号。司马迁因此在秦、汉之间特别插入一个"秦楚之际月表",按月来记载这"五年之间,号令三嬗"的复杂形势(除此之外,《史记》里的其他表都是按年记事的"年表")。楚的文化也与关东传统很不相同。老子、庄子、屈原都是楚人。只要比较一下《诗经》与"楚辞"在风格上有多么不同(每句字数的整齐与不整齐,语气词的不同,鬼神气象的有无),就不难体会两种文化传统之间的差异之大。汉初推行的黄老之学,它的基础其实就是楚文化。三楚以外,那就是秦汉帝国的边缘地带,远了,不去说它。

现在我们知道,关中文化从它的历史根源、历史积淀来说,远不如关东地区来得丰厚发达,甚至也远远落在楚地文化的后面。所以,如果枯坐在关中,尽管有再多的书看,有再多的饱学之士可以请教,总还难免隔靴搔痒,缺乏真实的体验。司马迁的志向,本在"原始察终"、"通古今之变"、"著(彰显)…兴坏之端"。所以,对他来说,亲眼看一看那些著名的故迹遗址,亲耳听一听故老传闻,是必不可少的。我们完全可以想象,即将开始的壮游,将会怎样把有关此前两千年的记载和传说,在司马迁的胸臆间激发成一幕接着一幕活灵活现的历史伟剧!

四、壮游万里,观想古今

司马迁大约从长安出发逾越秦岭东段余脉,经过武关这个被称为"秦头楚尾"的要塞,进入楚地。从那里他溯汉水,抵达洞庭湖一带。注入洞庭湖的沅水和湘水两河流域,是屈原被流放的地方,所以他在《离骚》中说过"济沅湘以南征"云云的话。司马迁到那里去,应当就是为了追寻屈原的踪迹。接着他南下九嶷山(在今湖南、广东交界处),为探访传说中大舜的葬地,再折回北面,去凭吊屈原写下《怀沙赋》后自沉的汨罗江。他后来说,当他翻阅屈原的《离骚》、《天问》、《招魂》等篇章,想起曾身临他自沉之地的经历,就会看见屈原栩栩如生的样子,禁不住垂泪涕泣。可见他对这一番实地探访的印象之深。

司马迁从长沙渡洞庭湖,现在就可以顺流而下,抵达九江。他自己说:"余南登庐山,观禹疏九江"。从今九江到庐山,确实要往南走一段,但说"观禹疏九江"就不大好理解了,《尚书·禹贡》提到"九江",但并没有说禹在这里治过水。所谓"禹疏九河",按文本原意是描写禹在华北的活动。司马迁认为在南方可以找到大禹治水的遗迹，说明在那个时代，最初出现在华北的传说人物尧、舜、禹的活动地域，都已经被极度地扩大了（舜葬于九嶷山之说亦同此理）。这些上古传说里的人物，即使在真实历史中确有原型，那也最多不过是在远古的华北同时存在过的上百甚至几百个小酋邦之中势力较大、较有名的酋长。由酋长而被提升为神话中人，由神话中人再度被"历史化"而变为现实人间的"圣王"。经过这样一番由人而神、又由神而人的转换，被"还原"的已经远远不是转换之初的那个人，而是要比最初的酋长强大不知道多少倍的想象中的"历史人物"。

从庐山下来，再度顺流而下，就来到江南。他所以会在今绍兴寻访"禹穴"，其中的道理也和刚刚讨论过的同样。黄帝跑到浙江南部去"升仙"、大禹南巡死于会稽，还被葬在那里，都属于这一性质的"集体想象"。禹的传说和遗迹传播到江南，很可能与越国的王族自称是大禹后代有密切的关系。这些想象，在司马迁的时代早已变成为被人们深信不疑的真实历史。我们当然没有理由要求司马迁能够像现代历史学家那样，一眼看穿它们。

从禹穴北上，司马迁到达长江三角洲的吴国故地，访问春申君的旧城。当时南部中国的经济文化,其发达的程度要远远落后于华北核心地区。土著居民是与北方的华夏完全不一样的人群,他们说的也不是汉语。北方的城市人口拥挤,"车毂击(因为车太多,所以轮子的毂辘互相碰击),人肩摩,连衽(衣服下摆)成帷,举袂(袖口)成幕,挥汗成雨,家殷人足,志高气扬"。所以当时的民谣说:"天下熙熙,皆为利来;天下攘攘,皆为利往。"可是南方呢?司马迁描写他的亲眼所见说:那里地广人稀,盛行刀耕水耨的粗放农业;因为人口少,日用所需大半靠自然资源直接提供,既没有发展商业的需要,也缺乏通过商业逐利的动机;人们都能勉强混日子,过得懒散苟且,无大贫,也无大富(社会分化程度很低)。正因为如此,春申故居的繁华才会给司马迁留下特别深刻的印象。

从那里,他到姑苏观看太湖,循江南水道达于长江,又渡江北行,到西汉名将韩信的故乡淮阴。淮阴当地人告诉他,韩信贫时葬母,居然选了一块又大又平敞的开阔山地,在旁边预留出可安置万户人家、以便为母守坟的地方,可见他当初的志向就非一般人可比。

司马迁在《史记》里为韩信立传,写到过一个著名的"胯下之辱"的故事,应当就是在此时从韩信的家乡听来的。故事说韩信年少时,曾在大庭广众受到当地卖肉集市中一个恶少的欺辱。那恶少对他说:"不要看你人高个子大,又喜欢佩戴刀剑,实在是胆小鬼。你如果不怕死,就拿着刀冲我来;如果怕死,就从我裤裆下钻过去。"韩信对这个恶少打量了一番,居然乖乖地伏下身子,跪倒在地上,一声不吭地从恶少的裤裆下钻过去了!说到这里,司马迁写道:"整个集市的人都讥笑韩信,把他看作是一个怯懦的人。"

在这里,司马迁的措辞非常值得推敲。韩信不过是被那些讥笑他的人看作怯懦而已。他这样说的真实意思是,在他看来韩信未必怯懦。那么他这是在不加区别地赞扬卑躬屈膝的胆小鬼,或者赞扬用"以曲求伸"的借口为自己的怯懦行为辩护的卑劣人格吗?完全不是这样!司马迁高度评价韩信在楚汉战争中不可替代的作用。他指出,正是仰仗了韩信的智勇,刘邦才能"拔赵、魏,定齐、燕,使汉三分天下有其二,以灭项籍"。韩信终以谋叛被杀,不过失算在"天下已集(已统一),乃谋畔逆"而已。在司马迁看来,韩信在楚汉战争中所成就的奇勋伟业,甚至他后来的谋反,都证明他确实是一个心存大志的人。因此,司马迁才会对少年韩信忍受"胯下之辱",体会得比流俗见解更加深刻。他是从自己甘愿忍受宫刑污辱的悲壮心境出发,去看待韩信的。不加分析地拿"以曲求伸"当作人生教条,经常会把人引向阴暗势利、卑鄙龌龊的心态。这是我们应当加以警惕的。这也不是司马迁赞扬韩信忍受"胯下之辱"的本意。

自淮阴再往北走,遂进入齐鲁地区。这是秦汉时文化底蕴最深厚的地方。司马迁说,在那里儒学传统已化为人的"天性"。他称赞齐地民俗说:"洋洋哉,固大国之风也。"他在鲁地参观孔子的庙,被其中的车服礼器,以及在孔府习礼的青年学生深深地吸引了,以致流连再三,不舍得离开。从齐鲁南返彭城,那一路走得不大顺利。在路过薛这个地方(今山东薛城)时,他发现此地虽与邹鲁相距不远,其民风却暴烈少文,与邹鲁迥然不同。一打听,他才知道这里是战国时孟尝君家的世代封地。这个以"好客自喜"的贵公子在此地庇护了六万多家"任侠奸人",所以才会如此。

由彭城西行,进入追随刘邦起义打天下那一帮人的故乡,那里还有许多人记得萧何、曹参、樊哙、夏侯婴事迹。特别是他还遇到了樊哙的孙子,当时失封家居,从后者嘴里听到许多当年的故事。他凭吊了这些功臣名将的墓。

从那里,他穿越今河南省境,沿途考察名胜古迹。在大梁（即今开封）城的城墙废墟处，司马迁专门打听所谓"夷门"的位置，这才知道就是十二城门中的东门。夷门曾因信陵君"窃符救赵"的一段故事而名闻天下。

信陵君是战国时的魏国公子，是那时候以大批收罗侠客知名的四大公子之一。当时魏国有一个叫侯嬴的高士，穷困潦倒，隐身在大梁充当夷门的看门人。信陵君知道这个消息后，想用很丰厚的馈赠来打动他，但被侯嬴一口拒绝。此后有一天，信陵君在家里大摆宴席，客人都就座后，他却翻身上车，预留着车左面的上席，亲自往夷门去请监门侯生。侯生见了信陵君，提起破衣旧帽子，毫不谦让地坐到信陵君的上首。信陵君恭恭敬敬地拉起控御马车的缰绳，驾车就往回走。在路上，侯生又突然说："我有个朋友在街上的卖肉店里，请从那里绕一下。"到了那个肉店，侯生下车去与名叫朱亥的屠夫说话，一面不断地察看信陵君的脸色。这时候，在信陵君的家里，魏国的将相、宗室、宾客满堂，都在等待信陵君举杯请客；他的从骑心如火燎。市民们则好奇地围着亲自驾车的信陵君看热闹。但信陵君始终安然自若，一点没有不耐烦的神色。监门侯生蹭足了功夫，这才辞别朱亥，跟信陵君去赴宴。信陵君把他安排在宴席上座，向全体宾客介绍自己的新客人，并亲自向侯生祝酒。

侯生做信陵君的食客后不久,秦国进攻魏的同盟赵国。魏王先发兵救赵,接着因为受秦的威胁而命令援赵的魏军统帅按兵不动。赵国形势危急。赵国的平原君派往魏国求救的使者"冠盖相属",信陵君计无所出。这时候侯生给他出了一个主意,就是著名的"窃符救赵"之计,即用替魏王爱妃寻获她的私人仇敌作为交换,叫她偷得魏王调兵遣将的虎符。凭着这枚虎符,信陵君来到魏军阵前,依靠侯生推荐的勇士朱亥,对见证虎符后依然不肯交出兵权的魏军统帅实施刺杀。信陵君终于夺得十万魏军的指挥权,"北救赵而西却秦"。那个侯生呢?他对信陵君说:"我受你厚恩,但因为年老,不能随你一起去实现这番策划。我会计算你的行程,在你到达魏国大军的阵地之日,我将面朝你所在的北方自杀。"他果然这样做了。

最后,司马迁大约是通过函谷关,回到关中。

司马迁的行程,总共两万多里,走了有两三年之久。他由此而得以见识了当时被华夏文化所覆盖的差不多全部地区。他还没有走到吴越之地的更南方,也没有到楚西南的边外地区。西汉将版图扩大到这两块地方,还在司马迁漫游关东之后。司马迁在《史记·西南夷列传》里写道:"南夷之端,见枸酱番禺;大夏杖邛竹,西夷后蔺。"

这段话分别说了两件事。南越国未灭亡时,曾用一种"枸橘酱"来招待西汉使臣。据南越人说,他们是从来自今广西、贵州地区的商贩手里获得这种味道特别的土特产的。使臣回到关中一打听,了解到这种枸橘的产地实际是在蜀地。西汉人这才知道从蜀地东南行,有路可以通到今广东。他们要循这条路攻打南越,因此才有不久后从四川经略牂牁等"南夷"之地的行动。这是前一句话的意思。后一句话则说,张骞通西域归来后说,在印度西北的大夏(在今阿姆河上游南、北两岸)看见用"邛竹",即今川西南出产的竹子制造的手杖。他向当地人询问从哪里获得这种手杖,才知道从今滇西有路可以经由今缅甸等国进入印度,再通往中亚。于是西汉又有了将"西夷",即今云南各部族括入版图的念头和行动。司马迁后来作为皇帝使臣访问过"西南夷",是他那个时代最早对这一地区进行实地勘察的极少数人之一。

这一番出游,对司马迁后来写《史记》有极大的帮助。顾炎武说,秦汉之际,兵马出入之途曲折变化,只有司马迁能对此了如指掌,说得一清二楚。自古史书讲战争地形,没有比他更详细的。司马迁胸中有一个天下大势,远非后代书生之所能及。

经过长途跋涉,归家不多几年之后,他即被召去做

"郎中"的官,从此踏入仕途,而且是在有不少机会接近皇帝的那个圈子里。他做郎中十年左右。而他进入仕途后的第一个上司,就是名将李广的儿子李敢。

五、做郎中官的十年

司马迁所担任的郎中一职,实际就是皇帝的侍从官员。平时参与守卫宫城门户,皇帝出巡时,就充当随从车骑。侍从官分为三等,郎中属于最低的一等。当时的郎中,或由高级官员的子弟入选,或由博士子弟(有点类似国立大学的大学生)中的优等生充任;此外也有立了战功被选入宫廷的,还有一些是从家中积累了巨额资产的大户中选用的。通过郎中官制度,皇帝可以与社会上有钱有势的家族结成效忠君主的个人关系,很有利于收买人心,当然也能吸收一部分没有背景的青年才俊。这些侍从人员在皇帝身边见多识广,又随时被皇帝差遣出去,慢慢变得对国家大事熟悉起来。经过若干年的熏陶见习,就会被派到朝中或者地方上做官。所以郎官很像就是一个干部培养学校,在西汉属于走上仕宦道路的正规途径。

上面说到,做郎官是需要一定的家庭背景或个人经历的背景的。这些条件,司马迁都不具备,那他又为什么能够做郎中呢?

司马迁自己说，他做郎中，是"幸以先人之故"、"赖先人绪业"。那就是说，因为他父亲做朝廷的太史丞，可能获得了武帝的欢心，所以就把他的儿子任命为郎。

他被任命为郎中的时间，王国维说"其年无考"。后来，诸家有各种各样的猜测。其中最有理有据的一种说法，应该是在他二十八岁的元狩五年（前118）。这样说有两条理由。一是元狩五年武帝重病，命一神巫在甘泉宫作法。紧接着就把他供奉在一个名叫"寿宫"的便殿里。这本是一件很保密的事，局外人绝不知情。但司马迁却自言，"余入寿宫侍祠神语"。他并且明白地说，这个巫师所说，与一般人都懂的常识绝没有任何不同，但武帝就是愿意相信他。是知他显然已在这一年随从武帝见过这个巫师。第二条理由是，我们知道司马迁与任安相知相善，他怎么会认识任安呢？任安恰恰在元狩五年入宫做郎中，而且在那里只待了一年。所以元狩五年时，司马迁必定已经担任郎中的官职。正因为如此，他才有了认识任安的机缘。

他何时担任郎中为什么就那么重要呢？

因为恰恰是在这一年，担任郎中的长官，也就是九卿之一的郎中令的，就是飞将李广的儿子李敢。

李敢在这一年做郎中令，接替的是他父亲李广的位置。当时的李广已经有一点老了,已从地方长官调入内朝,做了五年的郎中令。看到朝廷正在组织大规模的对匈奴战争,他的手又痒起来,再三要求到前线去打仗。所以到元狩四年,李广受命为"前将军",离开郎中令的职位,从卫青出击匈奴。卫青力图亲手擒获匈奴单于,硬要把李广调到侧翼的方向上去。李广争辩说:"我身为'前将军',本应为全军前锋;而大将军你却把要我改调到东道侧翼去。我自从束发成人以来,就与匈奴搏战。现在总算有了当面迎击单于的机会!请把我派在最前面,先与单于死战。"而卫青在出发前曾暗受武帝指示,说李广已年老命薄,恐怕不能成事,不要让他独当一面去对付单于。所以卫青坚持先前的命令。李广只得怏怏离开主攻方向,移军迂回包抄。因军内无向导,他未能及时与卫青形成合围之势,单于由此得逃脱。卫青下令追查迷失道路的战况。李广不愿忍受面对刀笔吏问讯的人身侮辱,于是在前线引刀自刎。"军士大夫一军皆哭。百姓闻之,知与不知,无老壮皆为垂涕。"

李广的儿子李敢在那一年也随霍去病出征,元狩五年回到朝廷,遂代李广担任郎中令。他痛恨卫青排挤父亲,还将他逼死,因此寻机会殴打卫青。卫青自知理亏,未敢作声。卫青的亲戚霍去病,很为卫青抱不平,于是乘跟随武帝打猎时,用箭射杀了李敢。汉武帝对此中内情心知肚明,对外却宣布李敢在行猎时触鹿角而死。后来,李敢的儿子李禹又因为与武帝的侍从吵架,被武帝处罚,要他与老虎搏斗。这一家也够倒霉的(西汉皇室好像很喜欢搞这种黑色幽默的恶作剧。武帝的祖母太皇太后窦氏,也曾叫一个她不喜欢的儒家大臣去和野猪搏斗。幸亏当时在位的汉景帝、也就是武帝的父亲,偷偷地塞了一把刀给那大臣,才保住了他的命)。

　　李敢任郎中令的元狩五年,正是司马迁开始担任郎中职务的时间。他对自己的这位上司肯定是同情的。在《史记》所描写的对匈奴战争中的三个名将,即李广、卫青和霍去病中间,司马迁评价最高的是李广。可以说没有一句批评,只有好话。对卫青和霍去病则颇多委婉之辞,说他们虽然有一点才勇,但其实是以外戚贵幸用事,甚至还说,把他们写在《佞幸列传》里,也是可以的。司马迁替李广之死抱不平,对霍去病射杀李敢也心存自己的看法。他写的《李将军列传》,在以"上讳云,鹿触杀之"结束对李敢的叙事后,又加上"居岁余,去病死"这么六个字。如果他不是在暗示,这是对霍去病仗势欺人的报应,那么把这六个字放在李敢的传记里就完全是多余的。由此可见司马迁的心态。

除了顶头上司李敢外,在司马迁当郎中的那段日子,他甚至与李敢的侄子李陵也算做过几年同事。当时李陵是在另外一名"九卿",即卫尉的部下做"建章监侍中"。司马迁所担任的郎官,也是属于侍中性质的一种职务。因而他自己说,他与李陵曾"同居门下",即同在宫廷里做侍中。我们一向就知道,司马迁后来站出来为战败降敌的李陵说话,是出于他的一副侠义心肠,因为他看不得人间竟有这么不平的事。这当然是不错的。我还想补充的是,他替李陵说话,其实还不止是为一个素不相识的陌路人仗义执言。他对这一家虽不熟识,却又是熟悉的。这是一种很重要的推动力,促使他在眼看着继李广、李敢之后,他们的族人李陵又遭遇不公平的待遇时,忍不住要挺身而出。没有想到的是,他却为此惹出杀身大祸。

司马迁任郎中前后,汉武帝开始大规模祭祀神灵和巡行郡国的活动。司马迁作为随行侍从,于是有了不少机会访问名山大川、边障雄关。从前尚未到过的地方,现在有了绝好的机会去一开眼界。这中间,有两次行程特别值得一提,

一次是他三十四岁时,跟随武帝到长安西面的雍县(今凤翔)祭拜青、黄、赤、黑、白五帝,结束后又继续向北

翻越陇山（在今六盘山脉中），到陇西的空桐山，相传为黄帝巡游所至之处。向西一直走到祖厉河（在今甘肃东部），才返回。司马迁于是亲身体察了"塞外"的地理形势和苍凉风光。

到第二年，也就是三十五岁那年，他又奉武帝之命，出使巴蜀以南，那也是以前他的足迹未曾到达过的地方，司马迁奉命出使的这一年，西汉在巴蜀周边的外缘地带，设置了好几个新郡，包括越嶲、牂舸等郡。他出使之后两年，西汉又发巴蜀之兵，攻滇国，滇国降。西汉遂拥有今滇黔全境。司马迁此行，似乎是为了两年后的攻滇行动考察形势。这一次他可能是从长安西行，由关中西边的大散关南行，沿嘉陵江上源南行，然后择取后来所谓"剑门蜀道"到达成都，继续西南行，由此向南渡过大渡江，到今天西昌、盐源一带，再渡金沙江，进入今云南西部，就是当日的"昆明"。司马迁后来写《史记·西南夷列传》时的许多信息，当来自他这一趟长途跋涉的考察。

他从西南返回关中时，应当已是次年岁首。此时，汉武帝已经从长安出游，赴泰山举行"封禅"大典去了。司马迁奉令立即出发，去追赶武帝一行。但刚离开长安不久，他就在路上遇到了因重病无法继续侍从武帝东游，而不得不留在周南（即洛阳及其邻近地区）的父亲司马谈。

元封元年(前110)正月,司马迁从西南奉使赶回长安时,汉武帝已经出发东行,正在去泰山"封禅"的路上。所谓封禅,是指由皇帝祭拜天地的最隆重的典礼。司马谈身为太史令,本来是应该跟随武帝一起去泰山的,但是走出关中不久他就生了重病。武帝由此东行,首先去中岳嵩山,举行礼祭。司马谈大约还是勉强随行的。据说武帝在嵩山上拜祭时,群臣在山下好像听见三声高呼万岁的声音。但司马谈的病这时越来越沉重,无法再一路跟着往东走,所以就回到了"周南",也就是洛阳。正在洛阳奄奄一息之际,他遇到了从长安匆匆赶去追随汉武帝的司马迁。

司马迁在为《史记》写的"自序"里,详细记录了司马谈在"河、洛之间"对他说的那番语重心长的遗嘱。司马谈说:

> 余先,周室之太史也,自上世尝显功名于虞、夏,典天官事,后世中衰,绝于予乎?吾复为太史,则续吾祖矣。今天子接千岁之统,封泰山,而余不得从行,是命也夫,命也夫!余死,汝必为太史。为太史,无忘吾所欲论著矣。且夫孝始于事亲,中于事君,终于立身。扬名于后世,以显父母,此孝之大者。夫天

下称颂周公,言其能歌文武之德,宣周、邵之风,达太王、王季之思虑,爰及公刘,以尊后稷也。幽厉之后,王道缺,礼乐衰,孔子脩旧起废,论《诗》、《书》,作《春秋》,则学者至今则之。自获麟以来,四百有余岁,而诸侯相兼,史记放绝。今汉兴,海内一统,明主贤君、忠臣死义之士,余为太史而弗论载,废天下之史文,余甚惧焉。汝其念哉!

所谓"自获麟以来,四百有余岁,而史记放绝",意思是说,经孔子改编的鲁国史记《春秋》,写到周天子"西狩获麟"(前481)为止。抓获了被古代中国人看作瑞兽的麒麟,表示天下将有圣王出世。这本来是大好事。可是那麒麟不久又死了,表示已出世的圣王终于没有机会能真正治理天下。所以孔子非常悲伤,不肯再把《春秋》继续写下去。这就叫"获麟止笔"。两年后,孔子本人也忧伤而死。从此,存录天下大事的连续的历史记载中断长达四百年。司马氏父子一心想要接续的,就是这一段历史空白。

司马迁俯首流涕,对父亲发誓说:"我虽不聪敏,请容许我把您已记录编排过的有关过去的传闻,完整地书写出来,绝不敢有缺漏。"洛阳相会,就这样成为这一对钟情于历史学的父子之间的生死之别。

据司马迁家族的传说,他的先世,曾在舜在位时以及夏朝世世做"天官",也就是观察天文、推算日历、预卜凶吉的巫师。传到西周,这一支家族中有个叫程伯休甫的,在周宣王时终于失去了世代相守的"天官"一职,改任司马,因以司马为姓氏。这一段家谱是否完全可靠,已无法确切地知道了。春秋中叶,司马氏离开东周去晋,以后又分为入卫国、入赵国和入秦国的三支。入赵国的那一支,就是后来两晋皇族所从出;而司马迁的先祖,则属于入秦国的那一支。在司马谈之前,入秦一支中最有名的人物,要数"司马错谏伐蜀"里的那个主人翁了。秦采纳他的建议;平蜀后,他做了蜀郡守。司马错的孙子司马靳,是秦名将白起的副将。司马靳历五世至司马谈,所担任的都是一些不大的官。司马谈担任太史丞、太史令,所以他自以为是接续了远祖的事业。这个职务需要许多专门的知识,当日常常作为"家学"代代继承。所以司马谈预料,他死后,儿子司马迁一定会继任这一官职。但他更关心的,似乎是他们父子两人已着手从事的一件"业余"的工作,这就是接续孔子"获麟止笔"以来四百多年的历史记录,写一部通贯古今的庞大历史著作。所以他谆谆告诫司马迁,自己最担心的就是这个愿望无法再实现。他一再叮嘱说:你千万要记得这件事啊!

我们今天已经很难明白地知晓,司马谈临终之时,司马迁究竟是仍守在他的身边,还是早已经告别父亲,重新踏上追赶汉武帝的路途了。如果司马迁陪伴父亲一直到他咽气,那么他恐怕很难不再归葬关中,料理后事,这样他就可能赶不上武帝的封禅大典。即使他决定暂时搁下丧事,以戴孝的身份参预隆重的典礼也是不大合适的。恐怕父子两人之间当时还不是"死别",而是"生离"。司马谈应该死于司马迁离开洛阳东去之后。因此洛阳一会,最可能就是司马父子的最后诀别。

六、从封泰山

所谓封禅,照司马迁的说法,就是指在泰山顶上筑土为坛祭天,以感谢天的功德,是谓"封";在泰山脚下的梁父山筑坛祭地,以报答地的功德,是谓"禅"。"封禅"之名,最古的经典(即所谓六经)里都没有提到。究其本原,应该是春秋战国时在齐鲁间发展和流行起来的。齐、鲁是当时中国文化最发达的地方。位于两国之间的泰山,被这里的人们看作天下最高的山,最接近至高无上的天帝,所以也是祭祀上天最合适的地方。这种观念发展到战国末年和秦初渐趋成熟。按照这种观念,一个政权如果巩固了自己的统治,并获得上天的正式承认,上天就会降下各种各样的"符瑞",亦即表示该政权已获得天赐福运的各种吉祥信号。例如猎获形状像"麒麟"的独角兽、宝鼎显现、夜有"美光"而白天有"黄气"、"一茅三脊"(即一片茅叶上有三根主叶脉)等等。这时候就应该举行"封禅"典礼,以答谢天意,同时也是向人间社会表明自己受到了"天命",或者叫做"奉天承运"。

从今人的观点来看,封禅很容易被看作是一种愚蠢可笑的迷信和骗局(迷信和骗局经常是一而二、二而一的。统治者要欺骗别人,必得先欺骗自己,也就是自欺;自己先受骗上当,再大张旗鼓地去骗人,于是便很自然地由自欺而发展到欺人)。古代的儒家中也曾有很多人不赞成封禅。他们认为,既然儒家最权威的经典中从没有提到过封禅,所以就不能相信这是真正的"古制"。他们坚持说,圣主不需要封禅,凡主(平庸的君主)又没有资格封禅。所以这件事不管怎么样都于理无据。他们很赞许梁武帝,说他虽然是"中主"(才能中等的君主),却能力排众议,"毅然不为封禅之事"。

封禅的提倡者们虽然鼓吹这是一种古已有之的大典,但一直到秦始皇的手里,才真正想到要把它拿来实行。他做皇帝三年后,带了七十名齐鲁儒生,来到泰山准备封禅。可是这个典礼究竟应该如何举行？临到办事的时候,儒生博士议论纷纷。有的说要用蒲草裹住车轮,以免伤及草木;有的竟然说只要扫扫地就算祭好了,取其简便易行。大家七嘴八舌,根本得不出什么结论。始皇看到他们这么不济事,勃然大怒。于是将他们全部斥退,按自己的设想到泰山顶上行封礼,又到梁父山行禅礼。其礼节大多数参用秦国祭祀上帝的老制度,但对具体的仪式却故意秘而不宣,免得再遭到说三道四的瞎议论。诸儒生因为不得参加,心怀怨恨。恰好秦始皇行至半山遇到大雷雨,躲在树下,儒生就讥笑他犯了天怒。不久秦亡,又有人散布流言说,其实秦始皇当初根本就没能爬到山顶,这是老天在阻挠他,因为他不配主持封禅这样隆重的典礼。

　　那么,秦始皇为什么会如此热衷地迷恋于封禅这种没有多少历史根据的闹剧呢？这当然同他的迷信思想有关系,不过又不能完全用迷信思想来解释。秦始皇所建立的专制皇帝统治下的中央集权统一国家,与西周、春秋那种以周天子为"共主"的分封体系完全不一样。那么究竟应当如何向当时的人民解释这种新制度体系、新国家制度的合法性呢？我们知道,任何政权都无法仅仅依靠暴力和镇压就维持下去,它总还要尽可能地说服被统治的人们,让他们相信它的存在是合理合法的。这就需要从意识形态的角度解决国家政权合法性的问题。但是在当时的经典里,找不到可以用来为专制主义的中央集权统一国家辩护的论据。秦始皇一心要搞封禅,就是要向天下表明,秦的统一已经获得了上天的肯定和保佑。那些心怀不满的儒生所以要强调秦始皇封禅没有成功,其实也是在暗示秦帝国缺乏历史合法性。

西汉的国家制度承秦而来。它也面临着同样的证明自己统治合法性的问题。到武帝时,海内升平已六十多年,家给人足。封禅不仅出于汉武帝一个人的奇思怪想,也是汉朝一代大多数儒生的心愿。人们都希望能在几百年一遇的全盛时期,亲眼目睹封禅的大典。大文人司马相如死后,朝廷到他家里征求他留下来的著作稿件,但家里没有留下什么书。问他的夫人卓文君,回答说,长卿未死时,时时著书,才写成,就被人取去。但他确实在死前写成一卷书,嘱咐道:有使者来求书,就将它上奏朝廷。这一卷书,竟然就是请求汉武帝实行封禅典礼的奏文。如果要用打油诗来描写这件事,可以叫"天子诏求相如书,身后惟留封禅文"。司马迁的父亲司马谈,因为患重病,无法侍从武帝亲历封禅大典,感觉是人生最大的遗憾和损失,竟大呼"这是命该如此,命该如此啊"!因此,他"发愤且卒"。可见这在当时被士大夫普遍认为是极重要、极隆重、极荣耀的事情。

这样说起来,司马迁对武帝封禅,究竟又是怎样的态度?不少研究者都说,司马迁的《史记·封禅书》,是在批评武帝的迷信。这话说得有点含糊。司马迁对封禅,其实也是赞成的。他一字一句地记录了老父亲临死前对不能亲眼目睹封禅大典的无穷遗憾,写得差不多是字字血泪,这里面就隐含着他本人对封禅的肯定和向往。另外,从《史记》所精心讲述的西汉封禅的全过程,我们更可以明确看出司马迁的态度来。

封禅是一种旷世大典。它绝不能随便举行,而必须等到某个特定时机才能进行。这个时机的到来必须符合以下许多条件。首先,立朝建国要符合五行相生相克的变化理论。为此,司马迁不止一次提到过"高祖斩蛇而神母夜哭"的故事。建立汉朝的刘邦起兵反秦前,曾经在荒野的夜行路上斩杀过一条当道的白蛇。传说当夜有另外一个人途经刘邦杀蛇的地方,看见一个老妇人坐在被斩为两段的白蛇身边痛哭。问她是怎么会事,那老妇人回答:"我儿子是白帝之子,化为蛇当道,如今被赤帝之子斩杀了。所以在这里痛哭。"故事传开来,成为汉代秦的一种预兆。所谓白帝,指五行中的金。金生水,所以白帝之子即指以"水德"为命运属性的秦王朝。而赤帝是火,火生土,土又能克水。当道的白帝之子被赤帝之子的刘邦杀死,即预兆着由后者建立的新王朝属于"土德",因此以汉代秦完全合乎以土克水的客观规律。

其次,封禅之前必须先把其他种种神灵统统祭祀过。西汉时的中国,还处于一个对上天与万神充满了敬畏、崇拜和幻想的时代。祭拜各种鬼神的活动从刘邦开始,汉武帝时达到高峰。直到西汉末,由官方祭祀"天地六宗以下至诸小鬼神"的地方总共竟有一千七百多处。祭祀典礼所用的三牲鸟兽共达三千多种。后来不能都备齐,以至于拿鸡冒充鹜雁,拿狗来当作麋鹿。无论如何,到封禅之前,这一条也算基本做到了。

再次,是朝廷必须把举行祭天活动的天下最重要的名山("五岳")纳入中央政府的直接统辖之下。汉初分封了很多同姓王,当时认定的"五岳"中,有三座(包括最重要的泰山在内)不在天子直接统治的地区内。汉武帝通过削除藩国、迫使他们献出名山等手段,才将它们统统夺回到自己手里。

最后是用德政治理天下,而且已年深日久。从西汉建国到武帝中叶共八九十年。在这么大的疆域之内安宁承平如此长久,这在当时中国人的记忆里还没有过。所以象征着上天赞许的各种神异、"祥瑞"迹象也在此前后不断涌现。捕得神兽,因此改年号叫"元狩";宝鼎从地下浮出,因此改年号为"元鼎";此外还有"美光"、"黄气"、"一茅三脊"之类。

司马迁不厌其烦地讲述以上种种情节,一点也看不出其中有什么讽刺之意。他接着描写的封禅活动也很是顺利。与秦始皇在泰山上遇到雷雨不同,武帝登山举行封禅大礼时,"泰山无风雨灾";晚上夜光闪烁,天明时"有白云起封中";江淮之间,还出现茅草连续三年不枯的奇迹。在他看来,所有这些,显然都表明武帝封禅是很成功的。

上面所说的,是否就意味着司马迁毫无保留地赞成武帝封禅呢?

当然也不是。最根本的原因是,在武帝的心目里,封禅并不完全是为着维护西汉朝廷的政治合法性,更是为了实现自己求长生不死、化为仙人的痴心妄想。为此他屡屡上当,却终身不知后悔。司马迁对这一点颇不以为然。这种情绪当然也流露在他的《封禅书》里。

据《史记·封禅书》记录,武帝亲政后祭拜的第一个神仙,是战国时一个冤死的女子,叫"神君",大概死于乳腺肿瘤。不久他又弄来一个活神仙,叫"李少君"。此人声称:他能靠祈祷和火灶烧炼出宝物;再将它掺入丹砂一起烧,可得黄金;用这样烧炼出来的黄金作餐具,便能延年益寿;于是就能见到蓬莱海中的神仙;见得神仙后再举行封禅大典,就能够像黄帝一样化作仙人而不死。据说他还有辟谷防老的技术。武帝自称能三日不食,表明他练过辟谷之术,不知道是否从李少君那里学来的。正在大红大紫时,这个李少君却病死了。武帝相信他没有死,只是"化仙而去",继续命人按李少君的方子捣腾炼丹求仙之事。这一来,引得"海上、燕齐怪迂之方士,多更来言神事矣"。

这些人中最有名的一个,是"齐人少翁"。当时刚好有一个武帝的爱妃死去。传说少翁就用法术把她召了回来,让武帝可以隔着自己的帐子看见她。因此他被武帝封为"文成将军",要他设法把神仙召来。折腾了一年多,什么成效也没有。"文成将军"慌张起来。于是他预先让牛吞下一条写过字的绢帛,然后装模作样地声称,牛腹中必有奇物。剖开牛腹,果然找到那条"帛书"。汉武帝是个聪明人,发现绢帛上那些字,竟然全是"文成将军"本人的笔迹。武帝一怒之下,就把他杀了。

但不久他又后悔起来,于是找到一个与齐人少翁出于同一师傅的方士,叫栾大。此人"敢为大言",向武帝推荐自己的老师,说他"黄金可成,河决可塞,不死之药可得,仙人可致也"。汉武帝这时正愁黄河决口、炼金屡屡失败,对栾大的话深信无疑。一个月里,连续给他"五利将军"、"天士将军"、"地士将军"、"大通将军"等四颗印;接着把宗室公主嫁给他,又给了他"栾通侯"和"天道将军"两个爵号。这个骗子名利双收,"贵震天下",乃打点行装,威风凛凛地到东海去寻找他的老师。这一来就惹得齐燕之间的方士们人人心痒,莫不跃跃欲试,争相自言有秘方、能招致神仙。但是这个"五利将军"像他的前任一样,既找不到他的老师,所说的情形又都经不起验证。弄来弄去,武帝终于由怀疑而发怒,把五利将军也杀了。

汉武帝杀五利将军,或许也因为在身边成群结队的说神仙方术的骗子里,这时又出现了一个更受他相信的人。他也是一个齐人,名叫公孙卿。此人向汉武帝献出一部书,据称是他的老师申公留下的。里面有两条预言特别中武帝的意。一条说,汉朝将在高祖的曾孙时代兴旺发达,那将是复兴黄帝之业的时代。另一条则说:那一天到来时,将有宝鼎出世;汉主应当用封禅来与神沟通,就能登天做神仙了。两条预言把当时已闹得沸沸扬扬的宝鼎出现、封禅舆论以及黄帝铸鼎升天的传说都巧妙地串联在一起。据后一则传说,黄帝在荆山下铸鼎,完工后,有一条垂着长胡须的龙从天上来接引黄帝。黄帝和他的七十多个亲信骑上龙的身子。其余诸人骑不上去,都紧紧拉住龙的胡须,结果拔断龙须掉到地上,眼睁睁地望着黄帝骑龙而去。这个公孙卿宣称自己在河南遇见过仙人,又说在东莱海边见"大人,长数丈",刚想靠近他,却马上看不见了。凡此种种,都无法验证真伪。公孙卿的下场如何,不是十分清楚。有人推测说,他跟"文成将军"少翁和"五利将军"栾大一样,因为"术穷诈得,诛夷伏辜"(骗术用尽,露出破绽,遂被处死)。不过汉代的史料里,似乎没有留下有关此事的明确记载。

《史记·封禅书》说,自公孙卿求仙而不能得仙,汉武帝对于方士们连篇累牍的鬼话日益丧失信心。但他仍然把这批人优养在那里,任他们胡言乱语,总希望还能碰到一个真正有神通的人。像这样姑息养奸的结果便是:"自此之后,方士言神祠者弥众。然其效可睹矣!"司马迁不敢对他的"今上"有更多的微词,但是《封禅书》收尾之处的这六个字,字字千钧,已经把作者对武帝求长生不死的讽刺和不满,表达得淋漓尽致。

七、痛诉辛酸报任安

公元前 91 年(征和二年),五十五岁的司马迁总算可以舒坦地吐一口郁积多年的长气了。他突然感觉到一种如释重负般的轻松:自从三十八岁担任太史令(元封三年,前 108)以来就着手写作的《史记》,终于在经历十八年的呕心沥血之后完成了!这十八年里的头十年,他过着志得意满的顺心日子,一边继任父亲的太史令之职,一边满心欢喜地调阅国家图书馆里的各类书籍档案。但是接下来却是饱经痛苦与煎熬的八年。受宫刑之后,汉武帝仍然欣赏他的文才,把他调到内廷担任"中书令",即皇帝的机要秘书。在为司马迁写传记的班固看来,那叫"尊宠任职";而在司马迁本人看来,自己"身残处秽,动而见尤"(尤,过也。受宫刑的人往往不能完全控制小便,需要时常抄着尿布行动,因此无时无刻能忘记自己被阉割的事实以及之所以会被阉割的罪名。说"动而见尤",一点也没有过分或夸张的成分)。"及已至此,言不辱者,所谓强颜耳,曷足贵乎?"整整八年来,唯一能支撑着他的精神还不至于被摧毁的,就是那部尚未完成的《史记》。如今,苦难的传奇似乎已将近落幕,他有点累了。这时他想起还剩下一件事需要做。

他的朋友任安曾于两三年前给他写过一封信,大意是敦促他不要自暴自弃,而应该守职自重、尽忠献言。这番话勾起司马迁的满腹辛酸。他曾打算写一封长信,向老朋友倾吐心头的委屈。不久之后,两人曾经匆匆见过一次面,写信的事也就被搁置了;但其实他们的会面又太短暂,"卒卒无须臾之间得竭旨意"(匆忙之中,找不到一点点时间,以便将自己的意思清楚完整地表达出来)。所以,司马迁一直把那些话深藏在心里而无由发泄。这一等就是两三年。而此刻他发现,必须抓紧时间向任安表白。因为任安被牵连到一个政治案件中,已被投入死牢,正在等待秋后处决。

任安究竟是何等样人?

他是河南荥阳人,出身低微,为人赶车来到长安。当日长安城的豪华与繁盛是汉帝国的其他地区所无法比拟的。但如民谚所说,"长安居,大不易",一个毫无依靠的外地人要在那里立住脚跟自然很不容易。不过武帝朝正处于内政外交大事更张的时期,需要从各个阶层吸收人才。平民子弟凭借自己的才干、军功获得提拔,或在城市中结交豪杰、公卿,靠他们的举荐进入政界,都还是有可能的。因此,正值少年的任安决定留居长安。

最初,他在长安之西不远的武功县内谋得一个代理"求盗亭父"的职务。汉代在县以下设立"亭"的地方基层组织,以十里为一亭。每个亭有两个首领,一个是亭长,负责在官府与地方之间上传下达;一为求盗亭父,掌管地方治安。他们都不算正式官员,当时称为"少吏",是协助官府处理民政的办事人员而已。任安处理分内事挺卖力,在民间的口碑很好。他由此而逐渐被提拔为县里的一个低级官吏,可惜随后又因一点小过失被免职。

不过他这时已经算有了一点小名气,于是被招入大将军卫青门下为舍人(属于贵族私人的家臣)。其实他并未真正得到卫青的赏识,因此被派去喂养劣马。有一次,任安与同样怀才不遇的田仁两人侍从卫青路过平阳公主的家。主人安排任安和田仁与自己府第里的奴仆同桌吃饭。两人大怒,竟拔刀将饭桌砍坏。任安为人刚烈,却讲究信义。当骠骑将军霍去病得宠后,卫青的势力逐渐下衰。大将军门下的随从纷纷改换门庭去投奔霍去病,很多人靠新主子的举荐做了官。任安却并没有因此离开卫家。

但是卫青既不爱惜部下,也没有知人识才的本领。所以司马迁说他尽管以外戚之尊而权倾天下,在士大夫中间却根本得不到称赞。任安始终不能引起卫青的注意。汉武帝派使者到他的府里选拔担任郎中的人才。他从自己的"舍人"中点了十几名富家子弟,让他们穿戴得华丽高贵,骑上高头大马,供使者挑选。但这些人都被使者批评为穿着华贵的木偶人,竟没有一个能通过"面试"关。使者重新召集大将军家里的百余名舍人,逐个面谈,最后挑选出来的,竟然就是任安和田仁两人!任安入宫做郎中,恰与司马迁担任相同的官职在同一年。在司马迁眼中,任安无疑具有从战国一脉而来的"幽并游侠儿"的气概,在处世立身之际强调个人的自尊,而对待他人则以信义为重。他的个性,多少代表了司马迁所赞许的传统士大夫的操行准则。或许正因为性格上的这种相互投缘,司马迁才会在不过一年的时间里与任安结下深厚的友谊。

任安陷入武帝晚期的一桩著名政治大案,完全是身不由己,甚至可以说是无辜的。这桩大案以"巫蛊之祸"著称于史册。

所谓"巫蛊",就是用木偶人来代替欲加害的对象,对它施以针刺、诅咒、刀剜之类的象征性伤害,然后埋入土中。当时人普遍相信,通过巫术或祭拜祝祷,木偶人所遭受的上述种种伤害就可以转换为被加害对象的实际危害。武帝一共活了七十岁。他晚年身体有病,常常怀疑有人在用巫蛊之法加害于他。这时候有个叫江充的人很得武帝信任。此人是一个美男子,却有毒蛇一样的心肠。他专门用侦破巫蛊案件的藉口陷害他人,审讯时用烧红的铁钳来烫烙被审问者,逼使他们胡乱招供。不出数年,"民转相诬以巫蛊,吏辄劾以大逆亡道。坐而死者,前后数万人"。

武帝临死前五年,江充抓巫蛊犯居然抓到皇太子头上去了。他指使胡巫,断言宫中有蛊气。汉武帝遂命江充入皇宫侦查。江充诬告太子宫中埋的木人最多,又有帛书,上面写的全是想谋害武帝的话。随后他们到太子宫内"掘蛊",果真找到了六个针刺桐木偶人。太子得知后非常恐惧,想与当时住在郊外甘泉宫里的武帝联系,以便辩明情况。然而,"皇后(卫皇后,太子生母)及家吏请问,皆不报"(没有回应)。太子周围的人开始怀疑武帝是否还活在人世。太子的老师石德提醒皇太子说,要防止秦末的悲剧重演。他指的是秦始皇死后,赵高隐瞒消息,矫旨令法定接班人扶苏自杀的故事。于是太子听从石德的计策,派人诈称武帝使者,捕杀江充等人。在甘泉宫休养的汉武帝闻变,马上命令包围长安城,严厉镇压太子军。面对政府军的进攻,太子被迫动员数万市民守卫长安城。"巫蛊之祸"就这样发展成一场父子相煎的内战。汉武帝回到长安近旁,进驻城西的建章宫,下诏调集关中驻军攻城,由他本人亲自指挥。太子军与政府军大战五日,死者数万人。太子兵败,出城东逃,在被追捕中自杀身亡。

江充迎合武帝的猜忌心理,靠诬陷无辜者邀宠,固然是巫蛊之祸的一种重要起因。但是他胆敢诬陷到皇太子头上,实在很难看作是一桩没有其他更加深刻的历史背景的偶然事件。班固写《汉书》,把这件事同卫皇后因色衰而失去武帝的宠爱相联系。他以为,汉武帝企图废去卫夫人而另立正宫皇后,因此才栽赃于卫夫人生养的皇太子。结果,太子和他的母亲双双自杀,正好符合武帝的心意。但是,按照一位当代历史学家的看法,巫蛊之祸的背景,更像是武帝与皇太子之间因政见不同而引发的冲突,导致武帝企图更换法定接班人、也就是皇太子的人选。它与卫皇后倒没有多少直接的关系。

我们一开始就提到过,武帝时期,西汉国策实现了从"无为"政治向"有为"政治的转变。这里面既有不得不如此的成分,也有因国力强盛而催发的骄逸奢侈的动机。于是因广开边功、兵革数动而国库虚竭;因国用不足、卖官鬻爵而使吏治渐坏;因垄断盐铁、专注搜刮而使言利刻薄之臣布列朝廷。这一系列的政策环环相扣,越来越严重地破坏着西汉社会的正常运行机制。武帝中叶,天下户口减半,关东流民达到二百万之多,社会险情已极度表面化。后来的人回顾这段历史说,汉武帝的穷奢极侈,幸亏是发生在文帝、景帝的大治以后。人们还没有忘记文、景"遗德",所以人心不乱。如果汉高祖之后即有武帝,则"天下必不能全"。

面临这样凶险的局势,汉武帝并不是毫无意识的。封禅之后不过数年,他就总结自己前三十年的作为说:"我过去所做过的很多事,是不得不为,因而也就不得不劳民伤财。但是如果后世再像我一样地行事,那就是在重走亡秦的老路了!"他意识到,形势已发展到必得扭转整个治国方向的关头了。但是真要转过这个弯子来,又谈何容易!这会牵涉到太多的人们以及他们的现实利益;另外,他骄奢淫侈、好大喜功的习性也不是轻易就能改变的。西汉帝国就像一艘航行在茫茫海面上的大船,找不到北,在那里漂浮不定。

既然理应转弯子却又转不过来,或者转得太迟缓,自然就会有人不满意。这些不满意的人物中,有一个就是皇太子。他是大将军卫青姐姐的儿子,个性"仁恕温谨",对父亲不断兴师动众非常不以为然,所以经常成为武帝决策的反对者。武帝曾回答儿子的劝谏说:"就让我把该做的事全做完。好留一个安逸的局面给你。这不是也挺好吗?"父子两人政治主张的分歧,逐渐发展为互相间的疏远、猜疑和算计。卫青死后,卫氏外戚集团失去了一根极重要的支柱。此后不久,汉武帝就好像开始为更换自己的接班人预作安排。他先后翦除了卫氏集团的很多成员。"巫蛊之祸"发生时,武帝与皇太子以及卫皇后之间的关系,已发展到不通消息的地步。江充把巫蛊之罪安到皇太子头上,即便没有受到武帝的直接指使,一定也是他看准了武帝的心思,因此才会有这样的胆量。也正因为如此,皇太子对江充的怨愤爆发,才会立即引起武帝的激烈反弹,以至于他会直接把它当作一场叛乱来镇压。

现在让我们转回来再说任安。在巫蛊之祸发生时,他正担任"监北军使者"的职务,控制着调动首都卫戍部队的大权。皇太子用兵符命令他发动北军参战。任安接受了皇太子的发兵符节,回转身来却紧闭军营大门不出。他实则是不希望事态失控。但这种做法却被武帝看成是"有两心"。事平之后,任安被判死刑,关入死牢,等候处决。所以才有司马迁给他写信这回事。

如今,《报任安书》已成为中国文学史上千古传诵的名篇。这封信主要有三层意思。一是借着对本人蒙冤经过的回忆,为李陵大声叫屈,同时也控诉自己所遭致的不公正的审判。信里说:"李陵提步卒不满五千,深践戎马之地。足历王廷,垂饵虎口。横挑强胡,仰亿万之师。与单于连战十余日,所杀过当,虏救死扶伤不给。旃裘之君长咸震怖。乃悉征左右贤王,举引弓之民,一国共攻而围之。转斗千里,矢尽道穷,救兵不至,士卒死伤如积。然陵一呼劳军,士无不起躬流涕,沫血饮泣,张空弩,冒白刃,北向争死敌。"司马迁以为,像李陵这样能使部下效命死战,"虽古之名将不过也"。至于他力屈投降,则"事已无可奈何。其所摧败,功亦足以暴于天下"。说到自己,司马迁为他的"拳拳之忠"不能被武帝理解而一再哀叹说:"嗟乎!嗟乎!如仆,尚何言哉!尚何言哉!"在另一个地方,他又用重复句法为自己的命运高声呼喊:"悲夫!悲夫!"说他的这封信,是在用血泪控诉汉武帝,也是不过分的。

　　第二层意思,是向任安解释自己为什么甘受宫刑之辱而活下来。他这样回忆当年在牢狱中所体验过的卑贱屈辱:"交手足,受木索,暴肌肤,受榜笞";"见狱吏则头抢地,视徒隶则心惕息"(徒隶,指其他犯人;惕息,惧而喘急)。他说,每当他想起自己作为"刀锯之余"(受刑人)所蒙受的耻辱,想到没有面孔再上父母的坟墓,总是肝肠寸断、虚汗淋漓。那他又为什么没有抢在这一切发生之前就毅然自裁呢?司马迁先回答说:"人情莫不贪生恶死,顾父母、念妻子。"但是也有一种人不是这样,"至激于义理者不然"。司马迁用以下这句著名的话来概括后一种人对待死的态度:"人固有一死,或重于泰山,或轻于鸿毛,用之所趋异也。"这就是说,如果一个人必须在赴死或求生践义(即为实现某种义务和责任而顽强地活下去)之间作出选择,那他就要衡量在两者中哪一个的分量更重。当赴死更重于践义时,他的死就具有重于泰山的意义。而如果当时环境还需要他活着践义,那么他就不应当轻生;在这种情况下随便去死,其意义便轻于鸿毛。

说到这里,司马迁向他的朋友倾诉了自己当初没有慨然引决的原因,同时也公开了一个已经被他保守长达十多年的个人秘密。十四年前,他曾向自己的一个同事、天文学家壶遂透露过这件事,当时它还处于刚刚着手进行之始,可以说八字还没有一撇。现在,司马迁告诉任安,他之所以接受宫刑,因为他需要活下来,继续完成早已在写作之中的《史记》。而到了给任安写信的此时此刻,司马迁肯定已经写完了《史记》。所以他自豪地向任安宣称,此书"凡一百三十篇,亦欲以究天人之际,通古今之变,成一家之言"。他说,他要把这部书藏之名山,传给后人,让它在大都市里流传。从今往后,就是被杀一万次,他也绝无后悔!

懂得了《报任安书》中的这一层意思,我们才可能对《史记》有更加深入的了解,也才能懂得,为什么鲁迅要把《史记》称为"无韵之离骚"。

八、"无韵之离骚"

《报任安书》为我们解读《史记》提供了一把钥匙。司马迁不但畅抒了他郁积多年的委屈和愤懑,更向朋友袒露出他此刻的心情。这就是信中的第三层意思。司马迁写道,如今自己心愿已了,所以他可以对过去所忍受的种种侮辱做出总答复了。什么样的总答复呢?他在信的末尾宣布:"要之,死日然后是非乃定!"可见他在写这封信的时候,已经抱定了必死的决心。他要以死来澄清周围的人们对他身残处秽、隐忍苟活的误解和蔑视,以死来控诉自己所遭遇的不平和不幸。所以对这封信,决不可作寻常书信来读。它既是司马迁告别人世间的遗言,也是他经过七年的忍辱负重之后,终于昂起头来抗议暴政的一篇战斗檄文。

《报任安书》传达了司马迁的心声,但它也给后人留下若干永久的谜团:像这样一封写给死刑犯的信,究竟是如何可能保留下来的?对操纵特务政治得心应手的汉武帝看到过这封信吗?司马迁之死究竟与他写了这封信有没有关系?历史的魅力恰恰就在于,它老是喜欢用这样的问题来考验我们的想象力。

《史记》全书五十二万六千五百字,虽然不能说是字字血泪,但它确实耗费了司马迁十八年的心血,这还没有把他的父亲司马谈为准备撰写《史记》所花费的精力算进去。就写作字数而言,司马迁似乎远不及当代许多"著作等身"的教授(形容著作之多,若把它们一本本地叠起来,竟能与作者的身高相当。这当然是有点夸张的说法)。然而就是这部《史记》,却成为中国文化史上一笔最光彩夺目的遗产。更有讽刺意味的是,一个被汉武帝阉割的人,却因为他创作了《史记》而成为中国的"历史学之父"!

《史记》杀青,对司马迁的精神是莫大的解放。他对此生已一无所求,所以他觉得自己终于可以无所顾忌地挺直脖子说话了。《报任安书》就是在这种心情下写出来的。他毫不掩饰地说,现在他最不甘心的,是在这辈子里"不得书愤懑以晓左右"。

司马迁生活在一个特务政治盛行的时代。汉武帝到处安置"线人",连自己亲儿子的身边也不放过。对这样的局势,司马迁绝不会漠然不知。既然如此,给一个牵连在"谋逆案"中的死刑犯写这么长一封信,难道他不担心走漏其中的消息?正是从这样的推断出发,一个文学史专家提出,司马迁在写《报任安书》时,他预期中的读者其实远不止是任安,而恰恰就包括了汉武帝其人;不只是汉武帝,而且还有天下所有知道他的人,以及后世所有读到《史记》的人们!

这当然是一种十分有见地的猜想。尤其当我们考虑到两汉之际曾流传的一种小道消息,说司马迁后来因为"有怨言,下狱死",那么上述猜想好像就变得更有道理了:所谓"怨言",是否就是被武帝读到的《报任安书》里那些"愤懑"之言呢?现在有不少人认为,在人类认识自己生存环境的过程里,"浪漫主义"的想象力甚至比理性和科学还更加重要。这看来非常对。

不过,想要就此断定《报任安书》实际上是一篇《报今上皇帝书》,也存在一个很难解决的困难。在这封信里,司马迁不但直言无讳地透露了自己当年之所以不肯死的真正原因,而且明明白白地宣布他此生的目标业已完成,也就是说,《史记》已经写完了。汉代的太史令并没有写历史的职责。司马迁写《史记》,完全属于他个人的一种"业余"活动。这部一直写到当代的著作(而且越是写到当代就写得越是翔实),会让汉武帝喜欢吗?如果这个喜怒无常、猜忌而刻薄成性的皇帝看了这部书不高兴,《史记》还能逃脱他的追缴和焚毁吗?要知道,在一个只能靠数量极有限的手抄复本来传播书籍的时代,著作遗失而不能传世的可能性本来就很大;如果还有专制皇帝动用国家机器来对它进行搜缴销毁,《史记》的命运不就更加岌岌可危了吗?司马迁忍辱苟活近十年,就是为着写完这部著作。他怎么可能置《史记》的安危于不顾,自动把关于它的消息报告给汉武帝?从这一点考虑,他在写《报任安书》时,绝不可能以汉武帝为假想中的读者。

到底应该如何解决这个疑问?最好的办法,只能是把它当作一个"开放性"的、还无法彻底地予以答复的问题来看待。古人说,读书时应力求"平其心,易其气,阙其疑"。所谓"阙其疑",就是对一时还弄不清楚的问题不要强作解人,方凿圆枘,而宁可持一种开放性的存疑态度。

说完了《报任安书》,现在让我们把话题再拉回到《史记》上来。鲁迅曾称赞《史记》是"史家之绝唱,无韵之离骚"。前一句话的字面意思比较好懂,赞扬《史记》是中国历史学的一部巅峰之作。后一句话又把它比喻成《离骚》,这应当如何解释呢?

《离骚》是战国时代楚国的贵族屈原所写的一首体裁特别的长诗,这种体裁在中国文学史上被称为"楚辞"。秦汉统一以后,楚辞的影响越来越大地波及到北方;秦以前名不见经传的屈原,也开始从楚国历史上的一个地方性人物,逐渐为越来越多的中国人所知。司马迁之前有一个人叫贾谊,曾被贬官到长沙,在那里写了一篇《吊屈原赋》。这篇著名的文学作品一经流传,屈原作为一个孤芳自赏、怨天尤人的文人骚客形象,便被深深地印刻在一般人的心里。但是从司马迁的眼里看出来,屈原还不止是这样的一个人物。他把屈原的悲愤自杀,看作是他向黑暗势力的绝望控诉和最后反抗。他描写了一个具有道德英雄主义气概的屈原。

我们或许都知道,楚国最强大的时代在楚庄王到楚平王时期。著名的典故"观兵于周疆,问鼎之轻重"就发生在庄王时。屈原生活在楚怀王和顷襄王的时代。那时候,楚国虽然已不如从前那般强盛,不过它仍然还有力量东抗齐国、西敌强秦,保持着第一等大国的地位。东汉的刘歆描写当日的形势说,"横则秦帝,纵则楚王"(如果秦国的"连横"战略成功,秦就能实现它的帝业;如果六国的"合纵"战略得势,那就造成由楚国王天下的局面)。可见他把楚国看作是能与秦国相抗衡的最后敌手。

司马迁把屈原放回到这样一个机会与凶险形影相随的时局里去进行分析，于是对屈原产生了一种新的理解。屈原一度踌躇满志，但因为遭到小人的妒嫉毁谤，被楚怀王削去了官职。《离骚》就是在屈原被罢官后创作的长诗。它的主题其实就是一个"怨"字。司马迁为屈原辩护说："信而见疑，忠而被谤，能无怨乎？"直到这里为止，司马迁的见解与贾谊相比还没有什么不同。他区别于贾谊的地方，是司马迁把屈原的这种"怨"表现得非常大气。屈原把自己的怨与"忧"，也就是对楚国一方山水之存亡命运的忧虑紧紧地联系在一起，因而就完全超越了个人得失的狭隘感情。司马迁评论说，《离骚》从上古的圣王说到商汤、周武王，乃至春秋最早的霸主齐桓公，为的是对时政进行批评，揭示道德的重要以及治乱之道的法则。所以在司马迁看来，屈原虽然被污秽所包围，但他的志向却可以与日月相争辉。

从《离骚》判断，屈原周围的人们大概都劝他离开楚国，到别的国家去谋求个人发展。见用则留，不用则去，这在百家争鸣、"士为知己者用"的当时是士大夫圈子里十分流行的做法。为此，屈原曾先后找过好几个人替他算卦。《离骚》里提到三个这样的人，分别是屈原的姐姐"女媭"，以及"灵氛"和"咸巫"。占卜的结果都说他应该从楚国出走。但是思来想去,屈原还是不愿意离开楚国。他的《离骚》以"吾将从彭咸之所居"结篇。彭咸是传说中的殷代贤臣,向殷王谏言被拒绝,乃投水而死。可见在创作《离骚》的前后,屈原已经产生了以殉死来表明自己心迹的念头。不过此时他的这个念头还没有像后来那样强烈而已。他为什么死也不愿意离开楚国呢?司马迁在屈原传里安排了一个屈原与江边渔夫对话的故事,来表明屈原拒绝与陷害他的黑暗势力妥协的心迹。

故事说,被楚王流放的屈原来到长江边。他"披发行吟泽畔(披头散发,在江滩上来回漫步,口中还念念有词),颜色憔悴,形容枯槁"。江边一个渔夫见了问他:"你不是屈原大夫吗?怎么会跑到这里来?"屈原回答:"举世混浊,而我独清。众人皆醉,而我独醒。是以见放。"渔夫说:"圣人应该随时局形势的变化而调整自己的应对方法。怎么可以空怀绝世的才能却让自己被废逐呢?"屈原完全不理会渔夫的劝诱,继续沉浸在自己的思绪之中,表白说:"谁能忍受自己洁白的身体被世俗的污垢所玷污?我宁可跳进长流不息的江水,而葬身于鱼腹之中!"

值得注意的是,屈原与渔夫的这段对话,来源于相传是屈原创作的楚辞《渔父》。这篇楚辞即使真的是屈原所写,那也不过是作者"伪立客主,假相酬答"的一种文学性质的描写(假设客主之间一问一答的场景,从而抒发作者个人的情感),所以是不能把它当作真实的事件来对待的。但是这个场景对司马迁来说是太重要了。他要通过这个故事,表达屈原宁为玉碎、不为瓦全的崇高道德理想。司马迁的心与屈原紧紧相通。他说,屈原被楚王从身边赶走,因而才会有《离骚》这等伟大的作品。他一定要把这一点充分表现出来,其实也就是在寄托自己蒙冤发愤、气冲斗牛的情怀。鲁迅最懂得司马迁对屈原的这种独特解读,所以他才会把司马迁忍受着巨大的身心残害而完成的《史记》,比作无韵的《离骚》。

鲁迅将《史记》与《离骚》相提并论,不仅因为作者的遭遇或作品的写作背景十分相像,而且也因为《史记》除了是中国史学史上的一座伟大的高峰,同时又和《离骚》一样,也是中国文学史上的一座丰碑。

《史记》刻画人物的细腻生动,表现出司马迁极高的文学造诣。他写楚汉两军对垒,项羽一方用弩机射出的箭射中了刘邦的胸口。刘邦痛得不由自主地将身体收缩起来,但他突然意识到在阵前暴露出主帅胸部受伤,很容易动摇自己一方的军心。可是他已经弯下腰去了,怎么办呢?于是他急中生智,就势伸出手去抓住自己的脚,嘴里说道:"老贼伤了我的脚趾。"司马迁只用十二个字就把这段经过表现得栩栩如生:"汉王伤胸,乃扪足曰:'虏中吾指。'"

《史记·平原君列传》讲述著名的毛遂自荐的故事,在说到毛遂要求陪同平原君赵胜出使楚国的时候,司马迁这样描写两人的对话:"平原君曰:'先生处胜(平原君自称)之门下,几年于此矣?'毛遂曰:'三年于此矣。'平原君曰:'……今先生处胜之门下三年于此矣,左右未有所称颂,先生无所有也。先生不能。先生留。'"毛遂最后还是跟从平原君去了楚国,而且也全靠了他的辩才,才说服了楚国参加抗秦联盟,使平原君得以完成使楚的目的。这时候《史记》又记载平原君的话说:"胜不敢复相士(识别人才)。胜相士多者千人,寡者百数。自以为不失天下之士。今乃于毛先生而失之也!……毛先生以三寸之舌强于百万之师。胜不敢复相士!"前面一段反复直呼"先生",后面一段则反复以"毛先生"为称;前面几次反复"三年(或几年)于此矣",后面则重复强调"不敢复相士"。其行文的气势,就像骏马冲下千丈之坡,又好比风行于上而水波跌宕起伏于下。

又如描写韩信胯下之辱,《史记》说他"熟视之,俯出胯下,蒲伏"。"熟视之"三字深有意味,突出了韩信内心激烈的冲突；而"蒲伏"两字,则把韩信忍气吞声的样子交待得活灵活现。《汉书》抄《史记》的这段文字,删去"蒲伏"两字,文章色彩也就变得单薄多了。《史记》的文字"言近旨远,辞浅义深(语言明白易懂而含义深远)"。叙述刘邦听说萧何离去后的感觉,称他"如失左右手"。描写汉军的死伤惨重,说"睢水为之不流"。形容董仲舒的精神专注,则说他骑马三年,还没有弄清那匹马是雌是雄。阅读《史记》,真正可以令读者"如直见当时人,亲睹其事,亲闻其语。使人乍喜乍愕,乍惧乍泣,不能自止"。

　　《史记》的文字是否也有不那么精当的地方？或许不能说绝对没有。《项羽本纪》讲述项羽死前勇战,说"独籍所杀汉军数百人。项王身亦披十余创"。两句话都指项羽一人而言(项羽名籍),却好像在说两个人的事。刘知幾在《史通》里批评"史之烦文",共举十四例,其中有十例出自《史记》。他的标准非常严格,曾批评《汉书·张苍传》里"年老,口中无齿"一语是"六文成句而三字妄加",以为应当删改为"老,无齿"。可见真的要把一部书写得"字字珠玑",几乎是做不到的。总之,鲁迅说《史记》是一部不押韵的长诗,也有表彰它崇高的文学价值的意思。

九、"史家之绝唱"

虽然《史记》的文学成就达到辉煌的程度,它本质上却还是一部求真求实的历史学著作。所以鲁迅首先表彰它是"史家之绝唱",然后才说它还是"无韵之离骚"。既要真实,又要有文学性,要做到两全其美当然非常困难,但还不是绝对不可能的。《史记》即为一例。

《史记》内容的真实可信,最令人吃惊的证据之一,是它对于商王世系的记录。司马迁当时一定是依据了某种古帝王谱牒资料,可是这些资料今天一点也没有保存下来。所以他关于殷王谱系世次的记载究竟是否准确,或者准确到什么程度,后来的人几乎根本无从加以考察核对。一直到19、20世纪之交,人们偶尔从被当作中药材用以熬制方剂的"龙骨"上发现了商代刻辞(即甲骨文),再追寻到出产这种特别的"龙骨"的河南,这批刻写于晚商的甲骨文才在被掩埋三千多年之后终于重见天日(19、20世纪之交关于中国历史文化的另一项同样重大的发现则是敦煌文献的重回人间)。根据甲骨卜辞,可以将商代二十九王的世次复原出来。再拿这个复原结果与司马迁的记录一比对,人们惊讶地发现,司马迁的记录竟然与在他之前一千年就已经被埋入地下的殷商甲骨资料出奇地一致!这件事甚至使得人们有理由进一步猜想说,《史记》关于殷商之前夏代十七个王的系谱记录,大概也是有相当根据的,只不过我们至今还无法找到其他旁证材料来对它进行核实而已。

《史记》内容的真实性,也反映在司马迁总是直截了当地叙述他所知道的事实情况,而一点也不会为了替尊者、替有权有势者遮掩什么而使用所谓"曲笔"(用隐晦含糊的话将不便直说的情形支吾过去)。中国人在记录历史时一向强调"直笔",但是因为各种人情或利害关系的牵制,有时它甚至还需要以生命作为代价,因此完全的"直笔"是很难做到的。司马迁却勇敢地做到了"直笔"。西汉的开国功臣大多数出身低下,周勃靠为人吹箫送葬为生,樊哙是杀狗人的儿子,栾布是酒店里的跑堂,灌婴稍微好一点,是贩绸缎的小买卖人。司马迁身为汉人写本朝的历史,却对这些都一概直书,毫无忌讳。甚至对皇家的丑事,他也照写不误。刘邦贫贱时被他父亲骂作"无赖",审食其与刘邦的寡妻吕太后不清不白,诸如此类的事情都被司马迁写进他的《史记》。《汉书》对武帝以前的纪事多照抄《史记》,但《史记》中"无赖"、"得幸吕太后"一类的话,在《汉书》里却是绝对读不到的。

甚至对于当时已被圣人化的孔子,司马迁也不肯放弃直笔的原则。他说,孔子由他的父亲叔梁纥与母亲颜氏"野合"而生(野合者,不符合礼的规矩也)。叔梁纥在孔子出生后不久便死去了。孔子一直到死,都不知道父亲坟墓的确切地点。孔子大力提倡孝道,怎么可以连自己父亲的坟墓在哪里都弄不清楚?司马迁还描写说,孔子为与齐景公拉上关系,去走齐景公宠信的一个叫高昭子的小人的后门,居然做了高昭子的"家臣"(私人随从)。他在卫国,为接近卫国的君主,又去走卫夫人南子的后门。两人隔着帷帐互相行礼,南子"环佩玉声璆然"。这都是以卫道自命的正人君子所不能接受的。所以他们说,司马迁的这些描写,都来源于"诸子杂说,不可取也"!还有人因此把《史记》说成是一部"谤书"(带有诽谤的书)。

以上所说,可能会让我们误以为,凡被司马迁写入《史记》的,必定都是真实地发生过的事情。实际情形也不完全如此。我们说司马迁能够做到"直书其事"或者"直笔",主要是说他对自己所记录的事情不愿意加以故意的隐瞒或篡改;是说他知道某事如何,就一定照着那样子把它讲述出来。他自己总结《史记》的写作原则,叫做"述故事,整齐其世传,非所谓作也"。意思是把有关过去的种种传说组织成一个系统,放在一个宏大的叙事框架里重新讲述,尽可能使这些来源不同、讲述立场和讲述角度不同的故事能够互相补充、互相协调、互相映衬。有些传说,例如天人感应、圣人的种种神异事迹之类,在今天的人们看来可能真假掺杂,而在古时候却长期被大多数人信以为真。司马迁当然也做不到例外。他说舜六十一岁代尧践位,统治天下三十九年,死于今天的湖南。古人对此老早已经提出过怀疑。他记载楚国王室的起源,说祖先中有一个人叫陆终,妻子"生子六人,坼剖而产焉"。上古的人是否做得到采用剖腹产来接生,已经十分可疑;至于一胎产六子,那就更加无法让人相信了。可见司马迁最多只能做到"以信传信,以疑传疑",要求他说的必得完全真实,那对他不是一种苛求吗?

另一种情况是,《史记》讲述的故事中,肯定加入了不少由讲述者添加在里面的想象成分。我们都知道,刘邦阵营里最会打仗的人是韩信。当刘邦被项羽射中胸口、接着又被楚军围困之时,韩信却在项羽分封的齐国大打胜仗。因为自己差不多灭了齐国,韩信从前线送一封信给刘邦,要求刘邦封他一个"假齐王"(负责代理镇守齐国的王)。刘邦读完这封信勃然大怒,骂道:"我被楚军重重围困在此地,从早到晚盼望你来救我。你却只想到要做什么'假齐王'。"坐在刘邦身边的张良、陈平一听急了,连忙在桌子底下踹了刘邦一脚,把嘴附到刘邦耳边,轻声对他说:"目前形势对我们不利,韩信如果自立为王,你能禁止得了吗?不如顺水推舟,封他一个王,把他笼络起来,使他不至于反叛。否则很可能会有麻烦。"刘邦一下子明白了,连忙接着前面的话转弯说:"大丈夫想做诸侯,就应当做真王,还要做假王干什么?"他立即派张良赶到韩信军前,封他为"齐王",同时调发韩信的援军来解自己的围。不消说,这个故事十分精彩。但是张良、陈平在桌子底下踩刘邦的脚,这是谁看见的?两人贴着刘邦耳朵说的话,又是谁听见的?在场的人们真正能看见的,至多也只是张良和陈平与刘邦交头接耳的情景而已。其他情节无非是讲述者根据事态演变的逻辑线索补充进去的。

再有一种情况是,《史记》在"发掘"某些当时已所知很少的事件或人物时,由于素材的缺乏而不得不李代桃僵乃至化虚为实。前面说到过《史记》塑造的屈原形象,就是这方面最好的例证。直到司马迁生活的时代,屈原在人们的印象里,包括在贾谊著名的《吊屈原赋》里,不过是一个过度敏感和自尊而偏偏又怀才不遇的文学家而已,他在先秦文献中几乎没有留下什么记录。所以司马光编写《资治通鉴》时,竟对他一字未提。司马迁要为屈原写传,最大的困难便是材料不足。他的依据无非有这么两种:一是由屈原本人所写、也包括后人依托屈原之名创作的那些被称为楚辞的作品;二是武帝时的淮南王刘安遵照武帝命令撰写的《离骚传》。他要把屈原在楚辞《渔父》里虚拟的"主客答问"当作他的一段真实遭遇写进传记里去,其实跟屈原的故事实在太少也有密切的关系。有人甚至认为,《史记》中提到的陷害屈原的楚国贵族"子兰"其人,实际上也根本不存在。《离骚》在极言世道衰乱、风气浇薄、人无操守时,用了一个比喻,说百草不香,连兰、椒这两种最有代表性的香草,其气味也都变臭了。而《史记》所谓"子兰"(此人在《汉书》里又被写作"子椒"),很可能就是从楚辞的"兰椒之语"里化出来的。在这里我们可以发现,屈原的形象在历史上至少经历过两次重大的变化。他先从贾谊《吊屈原赋》里一个牢骚满腹的冤死文人(我们可以把他叫做"贾谊版的屈原"),变成司马迁笔下以勇于一死来向黑暗、罪恶的社会势力进行抗争的道德英雄("司马迁版的屈原")。再后来,他又变成对自己国家爱到近乎痴情程度的一个爱国主义的典型人物,但那已经是现代的事情了("郭沫若版的屈原")。

最后,司马迁其实还特别爱好讲述生动曲折的故事。他既讲究"实录",但也抑制不住"爱奇"的心性。《史记》

关于战国历史的叙述,有将近一半可能来源于一本类似于《战国策》的故事集。它显然不属于严格意义上的历史记载。看来司马迁并没有仔细地考虑过,在这本书所记载的许多巧妙的阴谋故事里,究竟哪些才真正经得起推敲、因而值得写进严肃的历史著作里去。古人因此批评司马迁"大胆莽撞"。有一个当代西方学者称,司马迁既是严肃的历史学家,又是有一点华而不实的轶闻编纂者。他认为,在《史记》里,历史学的标准经常被"故事本身的打动力"所取代,从而使司马迁"失去对书写的控制"。

这么说起来,《史记》到底还能算一本可以被我们信赖的历史著作吗?回答仍然是绝对肯定的!已经过去的经历一旦成为口耳相传或者记录成文的某种叙述,其中就一定会不可避免地带有叙述者本人主观上对那段历史的想象、理解和阐释。在这个意义上,任何人都做不到完全客观地去"复原"某一段历史,或者所谓"还历史的本来面目"。司马迁做不到,别人也一样做不到;古人做不到,今天的人也一样做不到。衡量一部历史著作的好坏,不是看其中有没有掺入作者的主观想象和理解,而是要看这种想象或理解是否来源于历史事实,并且是否经得起所有已知历史事实的验证与核查。

为了编写《史记》,司马迁曾利用他做太史令的职务读遍了"石室金匮之书"(指国家图书馆的藏书)。但是除了古帝王的谱牒之外,他在当时能看到的书籍,其实并不比我们今日所能掌握的资料更加丰富多少。秦汉用于地方治理的各种行政文书,似乎也未被他充分利用过。而要凭这点原始文献写一部通贯两三千年的全面历史,他所面临的素材和资料短缺的困难是极大的。据日本学者的解析,《史记》关于周文王之前的早期西周历史的记述,实际上就是由得自各种古书的三十七则片段叙述拼凑而成的。其中有九则源于今日已遗失的古帝王谱牒,二十四则资料来源于《礼记》、《尚书》、《诗经》、《孟子》和《韩非子》等常见著作,只剩下四则资料来源不详。他撰写的孔子传把《论语》的五分之一都作为孔子的言论抄了进去,引用的范围涉及《论语》全部篇目的六分之五。秦始皇烧书,把除了本国以外其他六国的资料都销毁了。因此除了非常简单的秦国编年史,还有前面说到过的那本故事集,关于《春秋》纪事结束到秦统一的这一段,也就是关于所谓战国时期,更是缺少可资参考的史料。所以《史记》战国部分的写作,只好先根据相对来说还稍微丰富一点的秦代史料编成"秦本纪",而后将"秦本纪"中与六国相关的信息分散到有关各国,制成"六国年表"。再据年表、各国君主谱系和战国故事写成韩、赵、魏、楚、燕、齐等世家的战国史部分。我们所以要指出司马迁的种种苦心经营,因为只有这样才可以看出,这部历史书的写作,在把尽可能多的资料和作者个人对这些资料的认识尽可能完美地结合在一起的方面,已经达到了何等了不起的程度。《史记》创立了一种综合的历史叙事体裁,分别由本纪(编年史)、表(按专题制作的历史年表)、书(政治、军事、经济、思想文化等方面的专题性记载,后代改称"志")、世家及列传(王族家庭史和一般人物传记)等四部分构成。它成为历代王朝在此后两千年里编写"正史"的标准范式。

在司马迁以前,纪、表、书(志)、传这四种书写历史的体裁,其实都已经分别存在了。司马迁的贡献,在于他将这四种体裁有机地结合在一起,从而形成一种综合复杂的结构框架。这是一个了不起的创造。创造从来就不可能是无中生有、突兀而起;它总是以某些先前已经存在的因素作为起点而实现的。不过,《史记》最大的贡献,或者说司马迁之所以成为"中国历史学之父"的原因,还不在于上述综合性叙事体裁的创造。《史记》对中国历史编撰学最伟大的贡献,是它第一次把一种"过程"的脉络,埋置到对于过去的历史书写之中。司马迁提出他写《史记》是为"究天人之际,通古今之变",就是这个意思。

中国古代的历史记录,在司马迁以前起码已经有上千年的时间了。这些记录虽然也被按年代的先后排列起来,却像账本一样既简单、又零碎散乱,看不出在那一大堆事情的变化之间究竟有什么联系或线索。比如某年"陨石于宋五"(闻之陨,视之石,数之五),某年某月"赵盾弑其君"之类。为了弄明白那些简单的话究竟是什么意思,还得把相关的故事情节用口耳相传的办法一代代传承下去。人们不关心这一连串的事件或故事之间究竟有什么关系的问题,因为那时候历史书写的目的是拿这一件一件的事情单独来进行道德的批判,用作后人的教训。孔子删改《春秋》而"乱臣贼子惧",说的就是这个意思。司马迁突破了这样一种支配中国人上千年的历史思维方式,要把过去当作一个连续不断的变迁过程去探究和说明。也正因为这种不同寻常的目标,他才必需要发明一种崭新的综合性的叙事体裁来重现过去。这不是最突出地表现了他的伟大的创新精神吗?

写完《史记》,寄出了《报任安书》,五十五岁的司马迁从历史记载中消失了,从此再没有留下别的什么形迹。他的晚年将会如何结局?这个引人入胜的问题,是历史再度留给我们的一个千古之谜。

十、身死之谜

征和二年,也就是公元前 91 年之后,司马迁再也没有出现在历史记载里。在此之后的第四年年初,汉武帝病死,那年他刚好七十岁。临死前,"望气者"(通过察看天象及山川形势来预言大事的巫师)声称长安的监狱里有"天子气"(意即狱中有人将代武帝而临天下)。结果关押在京师各监狱中的囚犯不论所犯轻重,一律被处死。但这一招还是没能帮助武帝逃过一死。汉武帝与司马迁这对内心已严重对立的君臣,究竟谁活得更长一点,从而得以亲眼目睹另一方的死亡?现在没有确切的凭据可以直接回答这个问题。关心司马迁命运的人们,曾经对此作过各种各样的猜测。

我们早就说过,司马迁受宫刑之后一直担任"中书令"的官职。现有的资料似乎可以表明,武帝最后一年在中书令位置上的,是一个叫郭穰的人。这就是说,司马迁当时已经离开了中书令的职位。那时他还未到六十岁,不像是告老离去,所以很可能是死于任上,因而导致中书令的职务必须另易他人。著名的大学者王国维倾向于这个说法。他写道:"要之,史公卒年虽未可遽知,然视为与武帝相始终,当无大误也。"总之,司马迁大概死得比武帝略微早一点。

如果司马迁真的死在武帝稍前一点,我们就会碰到一个更加费人猜疑的问题:这个"稍前一点",究竟纯属偶然,还是与武帝有什么关系?历史上很多"稍前一点"的事例,都很让人觉得带点疑案的性质。如光绪死在慈禧"稍前一点"便是最著名的例子。汉景帝在本人死去的"稍前一点"逼死名将周亚夫(说详下),也属于这种情况。所以现在的问题是,司马迁真是被武帝晚年害死的吗?

关于这一点,两汉之际就曾有人说,司马迁"作《景帝本纪》,极言其短,及武帝之过。帝怒而削去之。后坐举李陵。陵降匈奴,下迁蚕室。有怨言,下狱死"。这段话所包含的消息,至少不完全都是准确的。司马迁并没有因为"举李陵"而获罪(举,举荐也),他被"下蚕室",是由于他力图要替已经战败投敌的李陵说话,那时候根本就谈不上举荐不举荐的问题。可见说这段话的人,对发生在八九十年前的那件事只剩下一个很含糊朦胧的印象了。不过也不能因此断定,他所说的就全然不可信。消息说司马迁"有怨言,下狱死",倒是很有可能的!对此,我们至少可以举出一条很有力的旁证来。

东汉前期的班固,在《史记》有关西汉纪事(终止于武帝后期)的基础上,补写昭、宣、元、成、哀、平六帝时期的史事,作成一部完整的西汉断代史,叫《汉书》。《汉书》有《司马迁传》,但对他死于何时、如何死去这件事却一个字也没有提起。根据《汉书》为人列传的一般体例,凡善终之人,班固大都会在传记的末尾交待该人死于何年,终年时有多少岁。《汉书·司马迁传》对这一点未加交待,不能看作是班固的偶然疏忽。他避免谈及司马迁去世的消息,很像是在为尊者讳,即故意向后人隐瞒司马迁最终被武帝处死这个事实。这里所谓"为尊者讳",其实不一定完全是在捍卫司马迁的名誉,而更可能是为汉武帝着想。班固称赞"孝武之世,文章为盛"(文化灿烂)。一个卓越绝伦的大历史家,怎么可以被这么一个追求"文章为盛"的皇帝处死?这样的事,对后代如何交待得过去?班固决定保持沉默,实在是深有用心的。

说到这里,关于司马迁的死,有两点相信似乎是可以肯定的:他死于武帝末期;他是因为"有怨言",所以被下狱而死。

然而上面的结论马上又引发出一个新的问题:假如司马迁是因"怨言"而再度触怒武帝,所谓"怨言",是他写在《报任安书》里的那些话吗?换言之,司马迁在生命的最后被下狱,是他的那封《报任安书》惹出来的祸吗?

面对这样的问题,我们不得不承认,人若想事事洞穿历史的吊诡之处,实在是不可能的!我们可以做的,无非是将它安放在一个开放性的讲述框架里去对它加以认识。那样做的话,我们就可以设想两种完全不同的答案,用来回答这个问题。

一种答案是,所谓"有怨言"的罪名,果然是由《报任安书》引起的。就像前面已经讨论过的,司马迁本人恐怕无意于通过《报任安书》直接向武帝披露心胸。但是汉武帝还是通过自己的监视系统弄到了这封信。武帝与司马迁相处多历年所,以他的精明识人,不会不对司马迁的内心活动毫无察觉。现在,多年来深藏在他内心的狐疑终于被信中一行行的白纸黑字所彻底证实。他恼怒司马迁辜负了他的"尊宠";他更受不了司马迁在"从俗浮湛"(在世俗的浪潮中随波逐流)的外表之下那一副蔑视他的至高权威的傲骨。为此,他要再度惩治司马迁。

然而事情还不止于此。如果武帝读到了《报任安书》,他必定还会去设法追寻《史记》。他最关心的,应当是司马迁将会如何描写他这个"今上皇帝"。前面提到过的传说透露了一条有关消息,因此也就十分值得引起我们注意。它说,武帝读了《史记》中的《景帝本纪》(这里似乎还应该加上《今上本纪》,也就是武帝朝的编年史),对司马迁毫不遮掩地暴露汉景帝、武帝父子二人的短处大为光火，因此把这篇本纪销毁了。班固在写《汉书》时说，流传世间的《史记》已经缺失了十卷（《史记》总共有一百三十卷，今本中有十卷是西汉后期的人补入的），而其中恰恰就包括景帝和武帝的两篇本纪在内。看来上面这个说法不一定完全是空穴来风，只不过它把武帝"怒而削之"说成是在司马迁受宫刑之前，在时间上弄颠倒了。司马迁写《报任安书》时，只说《史记》总共一百三十篇，丝毫没有提到它被武帝强行删削之事。所以武帝"怒而削之"，只能发生在这以后。于是我们可以说，假使司马迁"有怨言"的罪名果真起因于《报任安书》，那么他的死大概还不仅因为这封信，而且也因为《史记》对"今上皇帝"以及与"今上"有牵连的一系列人与事的描写太不称汉武帝的心。

武帝追查《史记》的事情，还在司马迁的家乡陕西韩城被演绎成一系列动人的民间故事。据说司马迁被下狱后，妻子柳倩娘回到家乡，守护早已被女儿司马英暗地里转移回家的《史记》正本。后来，司马迁的长子司马江被李广利诬奏，被迫从边关上太行山造反。柳倩娘听说司马江造反，恐怕被官府灭门，遂命后辈改名换姓，离家避祸，她自己携带《史记》入庵为尼姑。她在庵中修道四十年,终于成仙,乘龙而去。司马迁的三叔司马厚,则在与前来搜查《史记》的官军搏斗中被杀死。

韩城民间还传说,司马迁的生日是农历二月初八。而他的妻子柳倩娘,又被说成是李陵的姑表妹。故事说,李广利要纳柳倩娘为妾,倩娘不肯,李陵也不同意,为此他遭到李广利的忌恨。所以后来李广利坐视李陵陷敌而不救。柳倩娘则经李陵介绍,拜司马迁为师学艺,遂由相互爱慕而终成婚配。

这些传说反映了民间的感情和想象,但并没有什么历史根据。司马迁应该是有儿子的,名字已不可考。他的女儿十分有主见,嫁给一个地位不低的官僚,也没有留下名字。她生了两个儿子,叫杨忠、杨恽。最早把司马迁的书传布开来的人,正是司马迁的这个外孙杨恽。

不过汉武帝怒删《史记》的说法也未必能使人完全相信。理由至少有三条。

第一,《史记》之所以缺少十篇,也可能是因为司马迁压根儿就没有按原计划真正把它们写出来。或许我们只能说,司马迁生前已经基本上完成了《史记》的撰写,但他还留下若干篇章始终没有写完。《史通》作者刘知幾就持这种看法,即所谓"十篇未成,有录(目录)而已"。清代前期负责编辑"四库全书"的一批大学问家,认为"当以知幾为是也"。王国维也批评武帝删书之说"最为无稽"。

第二,《史记》有目而无书的共达十篇。其中大多数内容与汉武帝无关,根本不可能是被他删毁的。既然其他篇章的遗失都可以与汉武帝没有关系,又有什么理由断定汉景帝、汉武帝两篇本纪的丢失就一定出于武帝之手?事实上,西汉一代既无印刷术,纸张也还未曾代替丝绸或竹木片成为书写的最主要材料(这要在两晋时才发生)。一部五十多万字的书,整本抄写既不容易;即使抄出来,要把它全部装钉在一起也不可能,故当时只能一卷一卷地分别装钉。正因为如此,像这样的大部头著作,往往按阅读需要被拆散开来,分卷抄写并分卷流传,叫做"写以别行"。在这样的传播过程里,有若干卷失传,并不是不可能的事情。非要找出一个为这类偶然事件负责的人物,有时反而显得牵强无据,真正变得"吃力不讨好"。

第三,武帝如果因《史记》"极言其短"而毁去记载景帝和他本人时代的两篇本纪,那么他必得要以同样的手段毁去《史记》中的其他一些篇章!景帝朝用晁错的"削藩"策来收拾刘邦当年分封的同姓王后裔(同出刘家一门骨肉的同姓诸侯),弄得宗室人怨沸腾,最后逼出一场"吴楚七国之乱"。西汉朝廷削藩自有其理由,但景帝在这个过程里显得刻薄寡恩也是事实。尤其无情的是,七国之乱刚刚爆发时,他一时慌了手脚,竟把一心为朝廷的长治久安着想而被诸侯切齿痛恨的晁错当成替死鬼,把他斩杀在长安东市,以求与叛乱的诸侯妥协。景帝在那天一早派人到晁错家里传唤他,晁错还以为是召他进宫问对,把朝服穿戴得整整齐齐才出门。万没想到的是,他被直接领到东市受刑,连再见一次景帝之面的机会也没有。唐朝有人写诗说:"旋见衣冠就东市,忽遗弓剑不西巡。"前一句里用的就是这个典故。

景帝做过的另一件刻薄无情的事,就是在自己死前先以冤案逼死周亚夫。周亚夫是汉初功臣周勃之子,自己也在镇压吴楚七国叛乱中立过大功劳("周亚夫军细柳"),一直做到丞相。可是他却因为反对景帝废黜既定的皇太子、改立日后的武帝为太子而得罪景帝。景帝很快与他疏远。不久他请求辞职,获得批准。景帝在宫中请他和新立的太子一起吃饭,大概是想补救或协调周亚夫与新太子的关系。奇怪的是,在周亚夫的筵席前只放了一块大肉,却没有筷具。周亚夫心里不高兴,脸面就上了颜色。坐在他身边的太子不断地向他张望。周亚夫实在忍耐不住,便离开坐席,冷峻但不失礼貌地告辞了。景帝望着他弓腰曲背的后影说:"此人心中怏怏不服,将来绝不是少年天子能使唤得了的臣下!"周亚夫随后就被一个冤案缠身,在狱中绝食五日,吐血而死。后来有人说景帝对待臣子太少恩情,用法又太过深刻,"大抵得于晁错者为多"。此说十分到位。

司马迁若要在《景帝本纪》里"极言其短",他可以说的,无非也就是上面这些。这些故事也被他写入《史记》的其他有关部分,如《周勃世家》、《晁错列传》等等,而且只会讲得比在本纪里更翔实。如果武帝为此要销毁《景帝本纪》,他不是也应该甚至更应该销毁另外的那些篇章吗?这样的分析对质疑武帝销毁《今上本纪》的猜想也一样有效。这里就不一一细说了。

如果武帝没有怒删《史记》的事情,那么断定他见到了《报任安书》的看法也就失去了几乎是唯一的重要旁证。也许他根本就没有读到《报任安书》里的那些怨言。可是司马迁既然已经决心要用从容就死来洗清当年不得不忍受的巨大侮辱,他一定还会在其他场合毫无顾忌地倾吐自己的怨言。他终于实现了这一番心愿。可惜其具体情节到底如何,今天的我们对此已经丝毫不得而知。

总而言之,要说武帝是因为读了《报任安书》以及《史记》,才会第二次迫害司马迁,还缺乏充分令人信服的证据。但司马迁因"有怨言"而断送了老命,则很可能是历史事实。我们或许有把握说,这对他来说是一个心甘情愿的结局。因为司马迁早已明白,他如果想要真正地被人们认识,那么他必须用壮烈的死来表明自己的心迹。"要之死日,然后是非乃定"。这十个字写得毅然决然、斩钉截铁,难道不正是表达了司马迁以死明志的强烈心念吗?

有关司马迁的历史资料实在少得可怜。要想了解司马迁,最好的办法是用心去阅读他的《报任安书》和他的《史记》。要想真正享受蕴含在《史记》里的古朴雄伟以及它无法言传的美,也只有把自己从"耳食之人"变成原始文本的阅读者。这篇文章至多只能帮助你走近《史记》。而要真正走进《史记》,还得靠每个人自己去直接感受原著才能做得到。那是任何别人都无法代劳的。

把过程植入历史书写*

——论司马迁对中国历史编撰学的突破

一

由《诗经》中的"大雅"及"颂"可知,至晚西周中后叶,当相关诗篇被创作出来之时,上古中国人把发生在过去的一系列重大事件置于连续的时空范围内,并将它们当作一个互有关联的变化过程来予以理解的意识,已经相当成熟了。若按《生民》("大雅"第十一篇)、《公刘》("大雅"第十六篇)、《皇矣》("大雅"第七篇)、《文王有声》("大雅"第十篇)和《大明》("大雅"第二篇)的排列先后将这些

---

* 本文系根据作者为一部有关中国史学观念史的集体著作所撰写的若干章节文稿修改而成。在修改过程中,曾得到朱维铮、虞万里、高智群等诸位教授的指教帮助,谨此致谢。文中不当之处,则应由作者个人负责。

诗篇通读一过,我们很容易发现,它们实际上构成了一组史诗,从而生动地展示出自姜嫄履大人迹而产弃,直至文王受方国、武王牧野伐纣的早期西周史。在实际的庙堂音乐歌舞表演中,它们或许很少有机会被全数采用。但这样一个追溯西周建国历史的叙事框架一定是周人所熟悉的。鲁僖公时代(前659—前627)为修庙告成而创作的颂祷之辞《閟宫》是《诗经》里最长的一篇作品(《诗经·颂·鲁颂》,共八章)。它的前两章专述周人先祖故事,是即《生民》、《皇矣》和《大明》三篇内容的压缩,其中不过省略了《公刘》居豳以及《文王有声》所讲的作邑于丰和武王迁镐的故事而已。《商颂·长发》则是展示商王朝先世事迹的一部歌舞剧的唱词。

追忆历史时的过程意识之发育,也表现在《尚书》的编撰,即根据流传下来的片段材料去"复原"过去时代官方文书的持续数百年的努力之中①。关于今本《尚书》各篇的写成年代,诸家考订多有不同。不过他们一般都同

---

① 此种"复原"工作的依据,部分来源于久远以前的书面文献,如金文,或世代传承下来的简册;另一部分依据的是古老的口耳相传的材料;当然也会有部分后人添加的想象、追叙或解释。在这一点上,先秦中国与早期希腊的历史编纂学传统具有一定程度的差异。后者包含着两种不同的取向。其一以希罗多德为代表,基本上只注重最近的事件,而小心翼翼地将遥远的过去一笔带过。其二以赫拉尼柯(Hellanicus)为代表,倾向于(转下页)

意,"《尚书》各篇所记的事越古,编成的年代越近。但后世所编定的各篇《尚书》本来不是伪书,只是不是当时所作,而出于后世的追述和编定罢了"①。如果最大限度地综合各家见解,那么也许可以说,如今辑入"周书"的那些文献的主体以及部分"商书",大体编定于西周时期;"商书"的剩余部分成于春秋;"虞夏书"则多写定于春秋末和战国之时。除去《尧典》等极少数篇章的例外,《尚书》诸篇大都采取记录性文书的形式,差不多不含有对长时期历史过程的直接叙述。但是,从《尚书》文本形成经过之本身,从它的编集者们为一系列重大历史关节"填补"记录空缺的良苦用心,我们多少能够看出,这部古典文献的

(接上页)从有关远古的神话和传说中取材来构建历史,并把那些神话和传说植入与当前现实相关联的世系及编年中去。两种取向的共通之处,是它们都仅取材于传说或者书面化的传说,而不去"爬梳"产生于与所述事件同时代的原始文献。参见塞特斯(Johnvan Seters)《追寻历史:古代世界的历史编纂学与圣经史学的起源》,纽赫文:耶鲁大学出版社,1983年,页23、4。不过中西方历史编纂学传统之间的差别,其实也不像乍看上去那么巨大。在中国,关于三代乃至更早时期的很大一部分以即时记录形式出现的文献,实际上也带有相当程度的"书面化传说"性质。而传说的书面化,同时又是一个将神话历史化的过程。这个"历史化"过程虽然褪去了故事主人翁身上浓厚的神话色彩,却又以另一种形式把他们放大了。尧、舜、禹等人作为当初比较有影响的酋邦首领(如果他们真的存在过),就这样被放大为类似后世天子那样的"圣王"。

① 蒋善国《尚书综述》,上海:上海古籍出版社,1988年,页139。

众多作者本身,对那一段极其漫长的岁月还是抱持着某种通贯理解的。

中国思想史上针对以往各历史时代更迭变化之宏观走向的思考(为提说方便起见,以下姑且称之为"历史哲学"),最早似见于周人以"罔德"、"用德"来解释天命转移的观念①。由春秋至于战国,诸子在阐述制度变换、文化起源、兴亡治乱的转变法则等方面形成了形态各异的具有历史哲学性质的系统见解。根据倪德卫的分析,我们甚至可以从中窥见"道德的历史人类学"、"对历史学的分析批判哲学"的倾向,以及"关于社会与道德的契约论审度"②。不过另一方面,这样的论说又全然不具备历史叙事所应有的翔实性。它们有时好像是基本不涉及具体历

---

① 在指出今存相关思想史的最早资料始于周初的同时,D·倪德卫(David S. Nivison)认为,中国人试图回答是谁把"天下"的统治权授予某个王朝、此种统治权何时及因何又会为原先的授予者所剥夺等问题的"最初答案",实可由天象学求之。发生在前1953年、前1576年和前1059年的诸星会聚或"准会聚",分别被当作上天昭示夏、商、周三代兴替的征象。问题在于,事实上并没有证据显示,先秦的人们自身已经把夏商两代的崛起与上述天象互相联系在一起了。孟子关于"五百年必有王者兴"的观念,是否以当日的天象学知识作为背景,倒是一个可以讨论的问题。不过它无论如何要晚于西周用"德"来解释天命授受予夺的历史哲学式思考。参见倪氏为《中国哲学百科全书》(Antonio S. Cua主编,纽约:路特里奇出版社,2003年)撰写的"历史哲学"专条(页540—554)。

② 倪德卫"历史哲学"条。

史事实和情节的纯逻辑推导;有时虽然也包含了若干在论说者看来是具有知识方面真实性的历史证据,但它们经常是跳跃性的,在时代上相隔遥远。与那时业已积累起来的数量巨大的历史知识相比,这些议论未免又显得有些单薄或粗疏。

以上三项事实也许足以表明,在试图观照并重现以往的历史时,人们几乎天然地就能感受到它所具有的过程特征。奇怪的是,尽管先秦时代的历史书写已经足够成熟并达到了非常高的成就,尽管这时候的"历史哲学"对历史所呈现的过程性已经产生了丰富的感知和颇为深刻的意识,这两者却一直未曾真正获得结合。在由刘知幾所界定的史体"六家"中,有四家(即"尚书家"、"春秋家"、"左传家"和"国语家")出于先秦。我们今日在观照历史时所带有的习以为常的过程意识,事实上却全然没有进入四家的历史书写。从这样的事实出发,我们便更容易看清,司马迁对中国历史编撰学最重大的突破,就在于唯有到他的笔管下,历史叙事的过程性格才被悉心地植入中国历史书写的传统之中。

因此,本文的以下各部分拟先揭示出,在考察过去时专注于"断其义"、"骋其辞"的趋向,如何障碍了先秦史学著述对于历史过程性的探究及其呈现。在这样的基础上,进而就可以较翔实地讨论如下的问题,即《史记》是怎样开创一种得以充分展示历史变迁过程性的史学书写新范式的。

二

在最宽泛的意义上,当人们记忆过去并试图保存这种记忆的时候,他们所从事的就是历史学的活动。这样的历史学至少从商代已经开始了。虽然甲骨卜辞,包括验证占卜结果的"验辞"在内,或许都属于对帝或诸神的交待,所以不能算是有意识的历史记录,但出于祭祀先王需要或其他动机而保存、流传下来的商王世系,至少可以看作具有历史记录的性格。西周的金文,更是绝大多数都被当作自觉的历史记录而刻铸的①。

追忆往事的动机是各式各样的。希罗多德写作《历史》的目的,是为了说明"亚洲〔在波斯人手中〕的统一,该帝国把疆域扩大到大陆之外的企图,以及此种企图之

---

① 周代金文记录铸器者受周王册命之经过的最典型例证之一,是由一个名叫"颂"的贵族刻铸的一组铜器,包括数量不等的壶、鼎、簋,上面都有纪念性的铭文。它们表明,周王所颁册命,其原始文本是书写在简上的。这些礼器当然是为祭告祖先而制作,但它们同时也含有"用对王休,子子孙孙,其永宝",或曰"永宝用"的纪念性意图。

如何失败";同时,希罗多德还想从自己的描述中阐明这段历史之所以如此发生的两个重大原因,即人类"不公正的行为",以及人对自身成就的骄傲与神为此的恼怒之间的因果报应[①]。

撇开西周金文所反映的历史书写的种种意图不谈,自春秋开始直到孔子以前,在人们记录历史的诸多目的中间,有两样动机已经变得特别明显。其中一个是把过去看作处理当前重大问题的经验或教训。据《尚书·康诰》,成王(实际是周公)教训往监商人故地的康王,要他"绍文衣德,往敷求于殷先哲王,用保人民",亦即除了继承文王衣钵外,还应广求殷商先代的贤王之道,以安定其旧有百姓。《尚书·酒诰》则把殷的灭亡视为警戒:"今唯殷坠厥命,我其可不大监,抚乎时?"无论是从正面或是反面,殷的历史对周代政治都是重要的借鉴。在《尚书·召诰》中,寻求历史经验的对象更上溯到"有夏":"王敬作所,不可不敬德。不可不监于有夏,亦不可不监于有殷。"《尚书·无逸》也以商史为鉴,谆谆然提醒当道者"无淫于观、于逸、于游、于田",并以"呜呼王其监于兹"的恳请口吻结束全篇文字。上面列举的例证也许很可以表明,在

---

① 塞特斯前揭书,页33—34。

古代中国,历史意识发生、发育的驱动力,不在于对纯粹知识的好奇与追求,而是直接与对现实局面的关注,或者用后来的话说即所谓"经世",相当紧密地联系在一起。

另一个目的,则是要对个人在重大历史事件中应负的责任,无论正面或者反面,作出裁判并且传之后世。春秋时代晋国的赵穿谋杀了他的国君灵公,太史董狐却记载曰:"赵盾弑其君。"董狐的理由是,赵盾身为正卿,"亡不越境,反不讨贼",所以他应是这次弑君事件的主要责任承担者(《左传·宣公二年》)。这里显然蕴含着后世所谓的"书法"。时人对历史审判的畏忌,生动地表现在宁殖因驱逐卫君的行迹被记入史策而发生的深刻焦虑:

> 卫宁惠子疾,召悼子曰:"吾得罪于君,悔而无及也。名藏在诸侯之策,曰:孙林父、宁殖出其君。君入,则掩之。若能掩之,则吾子也。若不能,犹有鬼神,吾有馁而已,不来食矣。"悼子许诺,惠子遂卒。(《左传·襄公二十一年》)

徐复观写道:"宁殖(惠子)逐了卫君,使他死后的鬼,宁馁不食的,不是在鬼神世界中所受的审判,而是'名在诸侯之策'的这种史的审判。所以他嘱咐他的儿子(悼子)的,不是为他向鬼神祈祷,而是要迎入卫君以掩盖他

'出其君'的行为。"徐氏又引述齐国的崔杼为太史写下了"崔杼弑其君"五个字而杀死三个史官,并使另外两人"走向生死的边缘"的著名事例。他说,这是因为崔杼意识到,"这五个字是对他作了绝望的审判"①。

上述两种动机被结合、归并在一起,初步形成为一种观照历史的特定道德角度,恐怕是在孔子之前。而孔子删定的《春秋》,则把历史学所承担的道德批评的功能极度地扩大了。所谓孔子笔削而使"乱臣贼子惧",正是这个意思。甚至《春秋》中若干处"有年"的简略记载,也被有些学者看作不仅仅是关于年成的报道,而以为它也许隐含了孔子对当时政治的批评:世局昏暗却遇到丰年,这与寻常的丰收大异其趣,所以他要特地志其怪异。在儒家最先将古代文献经典化的过程中,道德批判也就越来越突现为历史书写的最重要功能之一。

《春秋》一类具有官纂性质的各国大事记,它的原型,或许保留在"不载日月,其文略,不具"的《秦记》中②。睡虎地秦简"大事记"就是这样的体裁。它纪事殊少写明月

---

① 徐复观《论史记》,《两汉思想史》,上海:华东师范大学出版社,2001年,第3卷,页144。
② 引文见《史记·六国年表序》。本文以下部分凡引述《史记》,将尽可能改用括注形式。

份,记日的例证则一个也没有;但同时它每年必书,即使连续三四年不书具体事件,仍要将纪年载录在册。是证它以年为纪事的时间单元。而以"春秋"名史的意思则是:"春秋编年,四时具而后为年";因而"立春以包夏,举秋以兼冬",错举以为所记之名也①。这样说自然不错。不过更准确地讲,今本《春秋》其实不是以年,而是以四时亦即季度作为记事的基本时间单元。试看下列典型例证:"(僖公)十一年(前649),春,晋杀其大夫丕郑父。夏,公及夫人姜氏会齐侯于阳谷。秋八月,大雩。冬,楚人伐黄。"这一年四时各记一事,但唯秋季记事书月。正因为以"时"作为基本的时段划分,所以才会出现今天看来有点奇怪的"竟时无事,乃书首月以纪时"的体例。全书中有一个年份的记录三时无事:"(定公)七年(前503),春王正月。夏四月。秋,齐侯、郑伯盟于咸。齐人执卫行人北宫结,以侵卫。齐侯、卫侯盟于沙。大雩。齐国夏帅师伐我西鄙。九月,大雩。冬十月。"②孔子之前,鲁国国史即名"春秋"。但以四时为记事之基本时间单位的编史体裁

---

① 引文见《春秋穀梁传》"桓公元年,冬十月"条;《史通·六家》。
② 《春秋》经中偶见缺书"首月以纪其时"的情形,古人也有强为之解者(如《公羊传》"桓公四年"何休注)。最合理的解释,似乎还是文本夺字或脱简所致。

在当时是否已经成立,颇有可疑之处。它当时更可能仍以编年为体①。章太炎推测,西周共和前尚无纪年之牒。"始作《春秋》者,宣王之史官"。尔后又有晋、郑等国"依中兴之法以纪年"②。以"春秋"作国史名称的,除鲁国外似还有周、齐、燕、宋等诸国③。其他列国当然也都有大致按年代顺序编定的大事记。此即章氏"依中兴之法以纪年"之谓。

经孔子改编的《春秋》,与它原先的文本,或者与形式类似的其他年代记相比,有两项相近之处。其一,它们的记载都极简略,叙事直指最终结果,极少细节或过程描

---

① 洪业枚举数证,断定冠于月上的四时为"增窜之迹,甚可疑也"。他的结论值得重视。他又根据《春秋》日蚀记录逆推该年正月朔日之所在,由以证实立春之日有不在正月之内者,故谓今本《春秋》必以正月为春之始,显非当时实录,而出于后来的追加。惟周历以含冬至之月为正月(建子),比夏历岁首的寅月提前两个月。而以正月为春之始,原来是与夏历相适应的季节配列;以之套用到周历系统,必与实际节候不符,本来就谈不上实录不实录。但是问题仍然存在:把夏历的四时配列套用到周历的月份上去,究竟发生在什么时候呢?有人以为它出于孔子之手。如是,则鲁国《春秋》中虽无记录四时之制,但它们在孔子的编年本中就已存在了,因而也不属于更后来的"增窜"。参见洪业《春秋经传引得序》,台北重印本,1966年;平势隆郎《左传之史料的研究批判》,东京:汲古书院,1998年,页18—20。

② 章太炎《春秋古氏疑义答问卷》,《章太炎全集》,上海人民出版社,1999年,第6册,页248。按章氏断《春秋》始于宣王史官,或与《墨子·明鬼》谓宣王中箭之事著在"周之春秋"有关。

③ 见《墨子·明鬼》。

写,以及其他必要的补充说明。刘知幾提到汲冢竹书说,其纪事之烦省,"与《春秋》不别"。再从前面引述的"赵盾弑其君"、"崔杼弑其君",从睡虎地秦简"年代记"里的"四年攻封陵"、"八年新城归",乃至"不修春秋"所云"雨星不及地尺而复"等语①,应可断定记事简略的确是当时各国编年史的普遍风格。

由是又引起另一项相似之处。即这样的文本体例足以把当时人认为重大的事件记录在册,也很适宜于用断制式的言辞表达记录者对此的判断、评价甚至情感上的好恶。但它一般不鼓励对事件全过程的具体观照,而被记录的诸多事件之间在更大的时空框架中所可能具有的内在关联或曰过程性,则更容易在不经意间就被它过滤掉了。历史书写体裁,不仅被动地反映出书写它的人们究竟需要什么样的历史,而且还会反过来强化人们的这种思维取向。在二者的反复互动中,先秦的人们对历史之过程性的意识逐渐被抑制的趋势,或许在孔子之前已然发生了。但是孔子的道德批判史观,则肯定是决定性

---

① 《春秋公羊传》"庄公七年"引。按"不修春秋"指未经孔子删削过的鲁《春秋》。是句在今本《春秋》里被改写为"星陨如雨"。

地增强了这一趋势的扩张①。

仅凭留传至今的一两条"不修春秋"的遗文,我们现在已无法具体、直接地感知孔子的删定本与鲁《春秋》原有文本之间的差异究竟如何。但先秦、秦汉时人都相信,孔子对文本的改动,主要是删节部分文字以及所谓"属词比事",即通过个别字句的修饰调整来微言大义,表达自己对所述史事的立场和看法。通过刻意删削与"属词比事",并辅之以对弟子的口传旨义,孔子赋予《春秋》以某种贯通始终的新解释和新精神。这就是用礼和仁的轨度去论定春秋一代重大史事,或曰"黜天子,退诸侯,讨大夫";也就是以"微而显,志而晦,婉而成章,尽而不污"的"书法"或"义法",达到"惩恶而劝善"的目的②。钱穆因此给予《春秋》以高度赞扬,说它已"崭然成为一部新史"③。从这个角度看问题,仅用"纪录性"来概括包括《春秋》在

---

① 洪业在前揭文里,细考古人有关《春秋》的各种言说,力辨今本《春秋》即鲁国史,未可证孔子笔削之说。若是,则无须孔子推波助澜,道德批判的史观在鲁《春秋》中已蔚然如偃草之风矣。在这一点上,本书仍以目前大多数学者所接受的看法为讨论前提。洪氏又谓《左传》成书于汉惠帝以后。近代以来有不少学者主张左氏传作于汉代。按:《左传》中的少数文字可能为汉代所追改;但说它的基本形态形成于战国中期,或许更接近事实。

② 见《左传》"成公十四年"。

③ 钱穆《中国史学名著》,北京:三联书店,2000年,页17—18。

内的先秦历史著作的特征,似乎就有一点不够准确了①。我们勿宁说,由孔子开创的儒家学派的历史观,其关注的重点并不在历史事实的"纪录性",而是对各项历史事实及有关历史人物在道德、政治和文化上善恶是非的评判。正如顾颉刚所写的,孔子"提起古人,不是传授历史知识,乃是教人去效法或警戒"。徐复观也明确地指出,"孔子修《春秋》的动机、目的,不在今日的所谓'史学',而是发挥古代的良史以史的审判代替神的审判的庄严使命"。凡德伦(Piet Van der Loon)则认为,中国历史编撰学从前孔子时代向孔子时代的演进,乃是从"礼仪性"史学走向对历史的"道德化"利用②。

这种"史的审判"经常会导致被考察的事件或人物从它们的时空背景中被剥离出来,成为一堆互相孤立的、只是在价值评判的意义上才可以进行比较的"个案"。这么说并不意味着儒家在作"史的审判"时,丝毫不理会特定事件或人物所处的具体时代及其历史环境。《春秋》"桓公三年"谓:"夏,齐侯、卫侯胥命于蒲。"胥命即互相致约

---

① 雷家骥《中古史学观念史》,台北:学生书局,1990年,页2。
② 顾颉刚前揭文,《古史辨》第7册,上编页8;徐复观前揭书,第3卷页156;凡德伦《古代中国的编年纪与历史观念的发育》,载 W. G. 毕思莱和 E. G. 普立本主编《中国和日本的历史学家》,伦敦:牛津大学出版社,1961年。

会面。《公羊传》说,这是孔子赞许齐国君"近正"。"此其为近正奈何？古者不盟,结言而退。"《穀梁传》也有相似的解释："以是为近古也。是必一人先。其以'相'言之何也？不以齐侯命卫侯也。"四十多年后,形势变化了。春秋初霸齐桓公盟诸侯于幽地,《春秋》纪之。此事虽然违反"古者不盟"的旧制,但孔子似仍有赞许之意。《穀梁传》说："桓盟不日,信之也。信其信,仁其仁。衣裳之会十有一,未尝有歃血之盟也。信厚也。"[①]可见儒家并不僵硬地拘守"五霸,三王之罪人也"这样一条死教条而闭眼不问历史实情。然而,这种"假事张义"的评判眼光[②],对于其一系列审视对象之间的内在联系严重缺乏观照,则仍然是明显的事实。这种被后世称作"据经发义"的历史学取向,经过孔门的代相传授,在先秦时代的历史思考领域内成为最有影响的风气之一。在此种思维定势影响下,当时人们为什么会对于历史沿时间维度所展现的过程性长期缺少探求意识,似乎也就不是特别难以理解了。

---

① 见《春秋穀梁传》"庄公二十七年"。
② 语见《春秋繁露·玉杯》。

三

与《春秋》关系最为密切的先秦历史著作,固非《左传》莫属。刘知幾拘执于上古左右史分记言、事的旧说,把《尚书》、《春秋》分别当作记言、记事之史。他在看来,只有《左传》,"言之与事,同在传中",因而才成为后世编年之体的"的准"。

不过《左传》的最重要意义似乎还不在这里。孔子可以把他的道德批判寓意在"理尽一言,语无重出"的《春秋》里,但他绝不可能仅凭那部"不修春秋"以及与之同样简略的其他诸侯国的编年纪就作出他的一系列断制,为此他还需要其他来源更翔实的历史知识。而后来的儒家在领会孔子的微言大义时,同样需要这等翔实的历史知识作为辅助。赵汸说:"古书未焚,策牍具在。不修春秋——可考,诸侯之史又存。则此时《春秋》争一半工夫。所以左氏终得仿佛者,是亲见国史故也。焚书之后,旧史皆无可考,则《春秋》自是难说。"①顺着赵汸此语的思路,我们也可以说,在相当大的程度上,后人是靠着保存在《左传》里的诸国"旧史"等材料,才能做到对《春秋》一书

---

① 赵汸《春秋师说》下。

"终得仿佛"的。除《尚书》、《诗》以外,《左传》还直接引述过《周公之典》("哀公十一年")、《周文王之法》("昭公二十九年")、《志》("昭公三年")、《前志》("成公十五年")、《军志》("僖公二十八年"、"宣公十二年")、《史佚之志》("成公四年")、《郑书》("襄公三十年"、"昭公二十八年")等策牍。刘知幾认为它还采纳了《郑书》以外的其他列国年代记。僖公十五年晋君因败于秦、韩而被俘。这件事《春秋》经文据鲁历(即周历)记在十一月壬戌,《左传》却系之九月壬戌,是为《左传》采用了行夏历之晋国史书的明证①。

但是赵汸仍然只说对了一半。《左传》所采,不仅"古书"、"策牍"、"诸侯之史",而且还包括大量具有生动的细节描绘的"故事"即口述叙事。平势隆郎在他的《左传之史料的批判研究》里,将全部《左传》的文字(不包括附在每一年之前的《春秋》经文)按其内容分解成以下八类:春秋经引文、经文诠释、经文转述、故事、故事解说、君子曰、君子、凡例(后三类分别以"君子曰……"、"君子……"、"凡……"起句)。兹按他对《左传》文本的分解,将隐、桓、

---

① 参见吉本道雅《〈史记〉探考:它的形成与中国史学之确立》(东京:东方书店,1996年)页138。又按:此类例证在《左传》中不一而足,此不赘述。

庄三公,成、襄二公,昭、定、哀三公(哀公迄于十六年)纪事部分的构成成分进行统计并列表如下①:

	隐、桓、庄公 (共61年)	成、襄公 (共49年)	昭、定、哀公 (止于哀16年) (共63年)
春秋经引文	137则	210则	206则
经文诠释	137则	159则	103则
经文转述	79则	135则	122则
故事	197则	492则	518则
故事解说	8则	27则	10则
君子曰	10则	12则	8则
君子	10则	16则	3则
凡例	18则	8则	3则

平势列入"故事"类的段落,未必全部符合口述叙事的性质,其中有一部分可能采自列国年代记之类资料,有些在洪业看来属于与今本《春秋》不同的"左传经"。另外一种情况是,在许多场合,以"一则"故事计入表内的,其实也可能是被"春秋经引文"、"经文转述"等隔断的一大段叙事之中的片言只字,而不是一则完整的故事。但即使将上述因素都考虑进去,上表仍有力地反映出,与春秋

---

① 平势隆郎前揭书,页487—509,页554—671。

前期相比,《左传》编写者对时间更晚近的春秋中后期有关口述资料的掌握,显然要丰富得多。若以各部分所占据的篇幅论,则对口传叙述的记载构成《左传》的主体更是不待说的事实。正因为它们刚刚从鲜活的口头传承进入书面,所以《左传》对许多历史场景的描写带有"某种未经修饰的、自发的讲故事的假想,某种直接感知到历史的假想"①。《左传》是中国早期历史编撰学史上的一个奇迹。在它以后,我们需要等到司马迁的时代,才能重新见到这样光彩夺目的对历史事件的叙述。

对口头叙述的采用并非始于《左传》。孔子以后,儒家传经即不能不以之为辅助。《孟子》引用的这类口头传说中,有一个尹公他、庾公斯追射子濯孺子的故事(《孟子·离娄下》),它应该就是《左传》"襄公十四年"所述庾公差、尹公佗追击公孙丁之事的另一种版本。《左传》的不寻常处,是依年月顺序把它们与采自其他各种书面记录的大事记整合为一体,形成一部被《困学纪闻》准确地点评为"传事不传义"的编年史。就其大部分篇幅为口传叙述的记载而言,说它的主要部分由编年的轶事集构成,似乎也

---

① 夏伯尔格(Dawid Schaberg)《被格式的过去:早期中国历史编撰学家的形式与思想》,麻省剑桥:哈佛大学亚洲中心,2001年,页172。

是可以成立的。那么,与在它之前的史著相比,《左传》是否体现出对历史的过程性之意识的明显增长呢?

在最近三十年的讨论中,关于这个问题出现两种完全不同的见解。一种可以徐复观为代表。他说:"《左氏传》的最大成就,是在孔子所修《春秋》的提挈之下,把这个时代的各方面的变迁、成就、矛盾、冲突,都以让历史自己讲话的方法,系统地、完全地、曲折地、趣味地表达出来。"他又说,《左传》"以行为的因果关系,代替了宗教的预言,由此而使历史从一堆杂乱的材料中,显出它是由有理性的人类生活所遗留下来的大秩序、大方向"。这一系列的因果关系,"汇而为一个时代演变的整体因果关系;于是历史乃以有机体的构成秩序,复活于吾人之前,此之谓史学的成就"[①]。

综观徐氏所论,有三点似乎值得提出来重加辨析。首先,徐氏极其强调,历史之秩序"是由时间的秩序所规定的",因此编年纪事本身就已"由时间而得以使事实有条不紊地呈现"。他说编年方法是"史学的基石",这话当然不错。历史研究须从按年代顺序搜罗排列的史料长编

---

① 徐复观前揭书,第3卷,页167、170、173。以下引文若出处相同,不再一一指明。

做起,本来是一种常识。但历史研究不能止于史料编年的原因,恰恰是内在于一系列事件的逻辑联系并不必定会自发地从经过编年的史料中呈现出来。编年体的记录形式可以没有开头或结局,它本身不能证明记录者已经具有明确的主观意识,要把他所记录的种种事件当作一个整体过程的展开来认识。刘节说,《春秋》一类古代国史,像简单的日记本,"只是有意识地、又很简单地收罗的史料"①。就《春秋》缺乏按时间维度展开的过程意识而言,他的看法显然比徐复观盛赞《春秋》"由时间而得以使事实有条不紊地呈现"更切近历史的实相。

其次,《左传》的历史叙述当然体现出作者对因果关系的认识。它表现在两个层面上:一是对每个历史事件或者若干个直接相关联的历史事件之所以如此发生、那般结局的具体因果环节,《左传》往往有很清楚的交待;二是它似乎还力图寻找出埋藏在所有那些具体历史叙事背后的、支配着行为者命运乃至观测者预言的某些更基本的法则。有人认为,这个更基本的法则为执行礼仪是否正当的问题,也有人认为它涉及"报"的原则②。从第一个

---

① 刘节《中国史学史稿》,郑州:中州书画社,1982年,页5。
② 夏伯尔格前揭书,页170。以下引文若出处相同,不再重复注明。

层面来看,个别事件内部的、或者涉及若干直接相关事件之间的具体因果元素,并不会自动地"汇而为一个时代演变的整体的因果关系"。从第二个层面看问题,如果历史真的被理解为只是"报"的法则在每一个具体场合的反复显现,那它也只能表明按这种"整体的因果关系"来理解历史的人,对"时代演变"的轨迹本身仍缺乏充分的自觉关注。

第三,后来的研究者可能而且应当从过去的历史文献中寻觅到隐藏在该文献之中,却还未曾为其写作者所意识的种种史的实相。徐复观似乎不曾留意于二者之间的区别。他引述吕祖谦、顾栋高等人论《左传》阅读法的言论,即表明了他忽略前述区别的结果,如何使他把后人(也包括他自己在内)的阅读心得误植于历史文本作者自身的意识之中。

关于《左传》性格的另一种看法,其最新近的主张者当为夏伯尔格。他认为,《左传》基本上是一部按编年结构组织起来的大型轶事集。它基本的叙事单元是一个个的轶事,或者若干轶事的更大一点的组合,后者将关涉同一人物或同一国家的几个事件(经常延续数年之久)组合在一起。他说,修昔底德的著作中也有一些简短的、不连贯的有关轶事的叙述。但它们都被包容在更大的、对历史法则进行"科学"的、目的论阐释的"大叙事"之中。而在《左传》、《国语》里,关于轶事记录本身就占据了支配的地位。它排除了几乎所有非轶事的言说,其中也包括作者对历史演变的一以贯之的解释在内。

如果需要对上述论断略加修正,我们或许应该说,《左传》实际上兼有从《春秋》那里继承来的(无论它是否为传春秋经而作)编年史成分,以及大型历史故事集的性格。编年史和故事集的形态混合也发生在西欧中世纪的历史写作中。13世纪时,出自坎特伯雷的基督教历史学家吉尔维斯(Gervase of Canterbury)写道①:

> 编年纪作者应当计点主复活的历年及其月日之数,简略地记述发生在这期间的国王或王公们的行为,同时也记录事件、恶兆和奇迹。可是,许多写作编年纪或年代记的作者超出了上述诸限制,……尽管他们旨在编纂一部编年纪,他们却像历史学家那般行事,对本当以简明的文笔予以概略叙述的事,他们都竭尽文辞铺张之能事。

当"简明扼要"的编年史式叙述在某些地方滑向细节描写时,它就离开讲故事的风格不太遥远了。怀特因而

---

① 德里宴尼(Deborah Mauskopf DeLiyannis)主编《中世纪的历史编纂学》,莱顿:布里尔书店,2003年,页6。

把"编年纪事"和"故事"一起划为"历史论述之初基",称它们"皆以某类特定读者之兴趣为念,从而将未经剪裁之历史记录予以筛选、整次,俾使其更易为人领悟"。他把这两种历史写作概念同样地位置于其他三种更发达的层次之下,应当是很有道理的①。

四

除前文已经分析过的《尚书》、《春秋》和《左传》,被刘知幾列入先秦四家的另一部代表性历史著作是《国语》。此书按国别来辑录有关资料,故得自为一体。但与此同时,刘知幾也明确指出,"其文以方内传(按此指《左传》),或重出而小异"。被他归入同类的,还有著名的《战国策》②。他说:

---

① 海登·怀特《史元:19世纪的欧洲历史意象》,刘世安汉译本,香港:麦田出版股份有限公司,1999年,上册页8。
② 关于《战国策》的成书年代,以及它是否确如班固所称为《史记》所取材,目前尚无定论。但这里有两点应该可以肯定。首先,从马王堆汉初墓葬出土"战国纵横家书"所载录的与今本《战国策》类似的故事可知,无论后一种书籍写定于何时,先秦时无疑已存在着与其面貌相近的战国游说故事的口传史文本。其次,根据郑良树的《战国策研究》,《史记》有关战国史的叙事,有将近一半来源于比《战国策》成书更早、但与之十分类似的一个文本。或许我们有理由把它看作就是一部"元战国策"。

"夫谓之'策'者,盖录而不序,故即简以为名。"①很明显,无论《国语》、《国策》,其特点也全不在对历史过程的展开铺叙方面。

据《国语·楚语上》,在申叔时为教育楚国王子而开列的书目里,有一种叫做"语",意即"治国之善语"。《国语》应当就是一种与它相类似的传授政治语言技能的教科书。这件事表明,曾经在历史上发生过的各种应对场景或与之相关的其他故事,都可以被当作以往人类经验的某种例证,用来作为现时代的参照和借鉴。事实上,拿过去的事迹或古人言论当作论证本人主张的一种知识上的资源或者"数据库",在战国诸子中是一种极普遍的文化取向。

百家语中充斥着关于从前或近于当日的各种历史故事的片断。除《左传》、《国语》、《战国策》等书的讲述相对完整详细外,诸子的大多数著述对这些故事的描述往往极其简略。而且我们很容易发现,同一个故事总有不止一种的版本;有时候雷同甚至完全相同的情节会发生在

---

① 《史通》卷一"六家"。此语中的"序"指时序而言。虽然刘知幾还以"或云"的形式记载了对《战国策》书名由来的另一种说法,但他本人赞同的,无疑是前者。

不相同的主人翁身上。这些版本不同的故事有时也会出现在同一段议论中间,如《韩非子》中"内储说"、"外储说"六篇,即以"一曰"的方式记载了许多版本两两相异的故事。引用者多不注重于对故事情节本身的辨析求证,而只是把它们当作业经确认的事实或现成的"言说",用来支持自己的观点。兹就文化起源的话题举一事以为例证。《吕氏春秋·勿躬》一口气数出二十个中国文化的始"作"者:"大桡作甲子;黔如作虏首;容成作历;羲和作占日;尚仪作占月;后益作占岁;胡曹作衣;夷羿作弓;祝融作市;仪狄作酒;高元作室;虞姁作舟;伯益作井;赤冀作臼;乘雅作驾;寒哀作御;王冰作服牛;史皇作图;巫彭作医;巫咸作筮。"①在这里,作者主要想说明的是,圣王不必亲躬"二十官之事","然而使二十官尽其巧、毕其能,圣王在上故也"。他根本不在意对"二十官之事"本身一一考证质实,尽管对其中很多始"作"者,当时存在多种不同的

---

① 在此前第二篇即《吕氏春秋·君守》里,还提到另外六个始"作"者:"奚仲作车;苍颉作书;后稷作稼;皋陶作刑;昆吾作陶;夏鲧作城。"这么多重大而具体的创造活动都不曾被综合到诸子阐述文化起源的议论里去,是亦可作为本节开头那段讨论的一个印证。

说法①。不过,因为以上种种原因,而把出现在诸子议论中的故事,统统理解为只是他们为说明道理而随意编撰的寓言,恐怕仍然是不能使人同意的②。我们毋宁把它们看作是被诸子所充分采用的一种极丰富的口传史料资源。

面对积累得越来越庞大的口传历史信息,除了孔子所谓"纣之不善,如是甚矣,是以君子恶居下流,天下之恶皆归之",或者孟子言及"尽信书不如无书"等感想慨叹式的议论,在先秦并没有发展起一种为验证其历史可靠性而对它们进行甄别证伪的必要努力。诸子不一定都会有意去凭空杜撰作为他们论据的那些历史故事。但他们会在同一故事的不同版本中选择这种或那种最适合自己需要的说法加以引用;在许多场合,他们讲述这些故事与叙述寓言具有相同的功能;他们甚至还完全压缩了作为口述叙说最基本特征的情节性而仅仅把它们用作隐喻的符

---

① 例如据《初学记》卷二十五所引诸书,"始作舟"的功劳,便被归于虞姁、化狐、巧倕、番禺、伯益、共鼓、货狄等不同的传说中人。种种说法,应当都有很古老的渊源。

② 吉本道雅在前揭书中,举韩非把同一故事冠以两个不同当事人之名的例子说:"很明显,这些具体人名是为了赋予故事以现实性而适当选择的结果,所以大概没有理由把这些纪事作为有关齐宣王、齐湣王或者韩昭侯的实录来采纳吧。"(见页49)吉本的语气十分委婉,但他似乎还是过分强调了这些故事的寓言性质。

号。因此而获得强调的,仍然是个别历史事件的特殊性,而不是那一系列事件之间的内在联系。

现在我们看到,历史学在先秦知识体系中的地位,乃至历史知识本身的积累、编集与传习的方式,如何受到把历史视为道德批判的特殊形式,以及在借古喻今的议论中间把它用作举证比拟的固定言说这样两种取向的决定性影响。这一点其实早已由司马迁指出来了。他在评论诸家对《春秋》一书的各种阐发时写道:"儒者断其义,驰说者骋其辞,不务综其始终。历人取其年月,数家隆于神运,谱牒独记世谥,其辞略,欲一观诸要难。于是谱十二诸侯,自共和讫孔子,表见《春秋》、《国语》学者所讥盛衰大指。"①

在这段话里,以往存在的各种形式的历史学解释被他划分为两组。后一组倾向于从历算、谱牒和阴阳休徵等在当日看来是极重要的角度去考察历史。但司马迁大概是不满于它们对人事作用的忽略,因而认为实不足以凭之"一观诸要",即认清历史中最要紧的那些大关节。对我们现在的讨论来说,被纳入前一组的那两种取向更

---

① 《史记》卷十四《十二诸侯年表序》。按:引文中的《春秋》系指《左氏春秋》,亦即《左传》而言。

值得注意。所谓"儒者断其义,驰说者骋其辞",难道不正是指儒家的道德批判的历史观,和诸子以数量庞大的历史轶闻片段及历史题材的修辞来增强其论辩说服力的风气吗?司马迁指出,这二者的共同之处在于"不务综其始终"。他难道不正是在批评这样两种论说历史的思维定势都忽略了对历史过程的观照与表现吗?他强调应当着重揭示历史盛衰的大旨,其所欲针砭者,难道不正是流行已久的"断其义"、"骋其辞"的史学取向之弊端吗?

战国时期百家争鸣的局面,因秦始皇接受法家建议,执行灭绝文化的"天下安宁之术"而结束。也许可以认为是"焚书坑儒"政策的一种始料所不及的历史后果,当西汉惠帝时代正式废止挟书律之时,对历史过程的意识在摆脱了历史学领域中断义、骋辞之风严重约束的情况下,反而很快被激活了。贾谊的《过秦论》对秦国兴亡的讨论体现了明显的"综其始终"的历史意识。陆贾在《新语》卷上"道基第一"里对文化起源的思考,也比以前的同类议论远为精致,并且更带整体论的特征。而涌动了数百年之久的历史过程论思潮,终于在司马谈、司马迁父子那里成为突破旧式历史学范式的主导观念。《史记》就是在这样的背景中诞生的。

所谓历史学的范式,是在史学体裁和史学观之间的互动中形成的。同一种史学体裁也可能被用来表达差异很大的历史观。但在另一方面,新史学观的确立,有时确实需要找寻到某种能够支撑它的新史学体裁,方才得以实现。《史记》由"本纪"、"表"、"书"、"世家"、"列传"五部分构成(后世"正史"将之调整为本纪、表、志、列传四部分)。就各部分的体裁或其命名而言,大部分并非全然出自司马谈、司马迁父子的创造。本纪、世家不必说,就是赵翼所谓"八书乃史迁所创",恐怕也只就确立"书"这一名目的意义上才是正确的。八书"述典章经制"的体例,在《尚书·禹贡》的写作时代已经相当成熟了。《国语·楚语上》谓:"教之故志,使知兴废者,而戒惧焉。"这里的"故志",也应当是记述典章制度的文献。被郑樵高度评价为"《史记》一书,功在十表"的诸表部分,其形制也因阜阳双古堆汉简的出土,被证明是有更早先的祖型作为借鉴的,只是"表"的名称似尚未见前例而已。赵翼又说,"其专记一人为一传者,则自迁始。"①这个说法也久已遭到后来学者的质疑。《史记》的贡献,其实并不在于它独创了以上种种记录体裁及其名目,而是在于对它们加以创造性的利用,从而构成一种前所未有的综合的历史叙

---

① 赵翼之语见《廿二史札记·各史例目异同》。

事,构成一种有意识地展现其变迁过程的、多层面的、并且包含着不同文化实体的多元历史。

因此,本文以下部分要着重探讨的问题便是:借助于他们所创造的历史叙事新体裁,司马氏父子在《史记》中表达了怎样不同于过去的历史观念①?

五

《史记》关于先秦的历史记载,绝大部分来源于此前业已存在的各式各样的书面文献。兹将《史记·周本纪》有关先周史的叙述及其知识来源比照如下表②:

《史记·周本纪》记事	知识来源
1. 始祖弃的系谱	《大戴礼·帝系》
2. 姜嫄履巨人迹而怀弃的故事;弃成年后教人耕稼	《诗·大雅·生民》
3. 帝尧举弃为农师,天下得其利	?

---

① 关于直到1980年代前期为止的学术界对《史记》在中国历史编撰学史中的定位问题,迪·考斯默(Necola Di Cosmo)在他的《古代中国及其敌人:东亚历史上游牧政权的兴起》(剑桥:剑桥大学出版社,2002年)一书第七章("'逐水草而居':《史记》对中国北疆种族学及历史的记述")里,已做过一个简要的述评,可参阅。本文对在这之后发表的若干有关见解的讨论详后。

② 此表摘引自吉本道雅前揭书,页74—76。

续表

《史记·周本纪》记事	知识来源
4. 舜任弃为后稷	《尚书·尧典》(今本《舜典》)
5. 弃封于邰,别姓姬氏	系谱资料
6. 后稷卒,子不窋立	系谱资料
7. 不窋末年夏后氏政衰,去稷不务,不窋以失其官而奔戎狄之间	《国语·周语上》
8. 不窋、鞠、公刘的世代继替	系谱资料
9. 公刘的业绩	《诗·大雅·生民》
10. 公刘至庆节的世代继替	系谱资料
11. 庆节居豳	系谱资料
12. 庆节之死至古公亶父即位	系谱资料
13. 古公亶父复修后稷、公刘之业,积德行义,国人皆戴之	《国语·鲁语上》
14. 受薰育戎狄之攻,迁居歧山	《诗·大雅·緜》;《孟子·梁惠王下》《庄子·让王》;《吕氏春秋·审为》;《尚书大传》三;《毛诗传》;《淮南子·道应》)
15. 古公三子,少子季历生昌	《诗·大雅·大明》、系谱资料
16. 太伯、虞仲相继为让权于季历而逃	《左传》"僖公五年"、"哀公七年";《论语·泰伯》;《论语·微子》
17. 古公卒,季历立,是为公季	系谱资料
18. 季历的业绩	《诗·大雅·皇矣》
19. 公季卒,子昌立,是为西伯,西伯曰文王	系谱资料

续表

《史记·周本纪》记事	知识来源
20. 西伯的业绩	《尚书·无逸》
21. 伯夷、叔齐之归服	《孟子·尽心上》
22. 太颠、闳夭、散宜生、鬻子、帝甲之归服	《尚书·君奭》
23. 纣王因崇侯之谮而幽闭西伯	《尚书大传·西伯戡耆》;《淮南子·道应》
24. 纣赐西伯弓矢斧钺	《礼记·王制》(?)
25. 西伯献洛西之地以请纣去炮烙之刑	《韩非子·难二》
26. 虞、芮相争,如周求质,未见西伯即自惭而还,诸侯皆谓西伯"盖受命之君"	《诗经·大雅·緜》;《毛诗传》;《尚书大传·西伯戡耆》
27. 伐犬戎	《诗经·大雅·緜》;《尚书大传·西伯戡耆》
28. 讨密须	《诗经·大雅·皇矣》;《尚书大传·西伯戡耆》
29. 伐耆,祖伊谏纣	《尚书·西伯戡耆》并序
30. 讨邘	《尚书大传·西伯戡耆》
31. 伐崇侯虎	《诗经·大雅·文王有声》;《左传》"僖公十九年";《诗经·大雅·皇矣》
32. 建丰邑,自岐迁都	《诗经·大雅·文王有声》
33. 明年西伯崩,太子发立,是为武王	系谱资料
34. 西伯盖在位五十年	《尚书·无逸》

续表

《史记·周本纪》记事	知识来源
35. 文王作六十四卦	《易》说（?）
36. 文王受命之年称王而断虞芮之讼	《诗》说（?）
37. 谥为文王，改法度、制正朔。追尊古公为太王，公季为王季。盖王瑞自太王兴	《礼记·中庸》；《礼记·大传》

根据上表，《史记·周本纪》所见先周史，实由三十七则从先已存在的文献记载中摘引出来的片段联缀而成。表内所谓"系谱资料"，并不是指今天广为人知的著名的《世本》。就《世本》佚文与《史记》内容存在不少抵牾来判断，班固在《汉书·司马迁传》的"论赞"中称司马迁引用《世本》的说法或许难以成立。但他一定还有与《世本》类似的其他系谱资料作为追述先周世系的根据（或许《史记·三代世表序》提到的《尚书集世》就是这样的系谱资料之一）。剩下的二十八则之中，第三则、第三十五则和第三十六则的具体史源不克详知，但它们一定是来自于当时流行的对《诗经》及《易》进行解说的资料。第三十六则被司马迁作为"诗人道"加以称引，或可看作该说出于《诗》说的间接证据。第二十四则的史源也难以确认。《礼记·王制》称，"诸侯受王赐弓矢以行征伐，赐铁钺以

行刑杀,赐圭瓒以行祭祀"。《史记》所言,或即本此。除了以上四则,还有二十四则记事的资料来源都很容易确定。在这些史源中,除《尚书》、《诗经》而外,其成书年代都不早于战国。吉本道雅指出,从这个意义上说,《史记·周本纪》关于先周时代的记述,很难被完全看作是先周史的实录;在很大程度上,它所反映的其实只是战国秦汉时代对于先周史的认识①。

如果说对上面这句话还需要稍作修正,那就是《史记·周本纪》不但反映了战国先秦时代对先周史的认识,而且也是对此前先周史认识的一次重要提升。司马迁超越前人的贡献就在于,他把零散地存录在主题、体裁、详略程度、议论角度都大相径庭的各色各样著述之中的值得采信的信息,一一予以搜检和甄别,并将它们置于年代的序列中予以通贯、系统的理解和表述。这样,从弃的出生和

---

① 吉本道雅前揭书,页78—79。鉴于《史记·周本纪》的记载多受后世资料的局限,利用遗存丰富的金文来补正它的某些说法,就变得十分必要了。例如白川静指出,《周本纪》说:"故成康之际,天下安宁,刑措四十余年不用。"惟这一时期的金文显示出,此时西周戡定作战的规模最大,军事行动也极频繁。又如对周懿王时期,《周本纪》仅云"王室遂衰,诗人作刺"。这当然有"三家诗说"为据。但西周廷礼册命形式的金文之确立正在共王、懿王朝的时期,所以我们毋宁把它看作是周王朝政治秩序的完成期。见白川静《西周史略》,《白鹤美术馆志》第46辑(1976),京都:白鹤美术馆,页4。

他见知于帝尧,到不窋在夏末率部离开中原核心文化区而西迁于"戎狄"之间,再经公刘复兴祖业,到文王使诸侯臣服并引起与商王的磨擦,周人早期的事迹在一部历史著作里第一次得到这样完整而连续的展开。西汉前期所积存的历史文献的总量并不太大。司马迁的卓越之处,似乎还不在于他删拾捃摭旧文的功夫,而恰恰在于他那种力求原始察终的历史学意识。

将过去作为一个变迁过程来把握、认识和表现的追求,并不局限于对先周史或者其他某些特殊论题的叙述当中,而是全部《史记》最显著的特色之一。有些历史过程因司马迁的发覆之功而变得如此众所周知,以至于人们几乎忘记了,这一看似简单的事实在司马迁之前其实并非那般不言自明。《史记·周本纪》的结语写道:"太史公曰,学者皆称周伐纣,居洛邑。综其实,不然。武王营之,成王使召公卜居,居九鼎焉,而周复都丰镐。至犬戎败幽王,周乃迁徙于洛邑。所谓周公葬我毕,毕在镐东南杜中。"如果西周、东周之分在当时早已是一种历史的常识,司马迁为何还要写这样一段话来结束《周本纪》?

《史记》采用了很多方式,来突现历史变动的过程性。

想必主要是由于资料不足的缘故,《史记》对周以前的历史着墨不多。因此,除了被司马迁包括在"近世"内的西汉前期以外，《史记》的周、秦二本纪，以及十二诸侯和六国年表，从时间上大体覆盖了《史记》所要重点加以描述的那一整个阶段，而它正是理解和把握秦汉历史局面诸特征及其大体走向的根基和前提。因此，司马迁力图展示对长期历史演变之动态的用心，也特别清楚地显现在上述二纪及二表序言之中。在这个意义上，二纪及二表序可以说是《史记》全书的关键性篇章。

《史记·周本纪》对先周史的记载，已见于前文分析，此不赘。在武王灭周、周公平定管蔡之乱并归政成王之后，司马迁写道："故成康之际，天下安宁，刑措四十余年不用"。接下去是一长段下坡路："昭王之时，王道微缺"，而穆王时代则最先显现"王道衰微"的迹象；其间虽稍"复宁"，但因穆王不听谏而执意伐犬戎，遂使"自是荒服不至，诸侯有不睦者"。这时周作"五刑之属三千"，表明社会内部关系亦渐趋紧张。至懿王，"王室遂衰，诗人作刺"。及至厉王时，司马迁更借谏臣之口，一再宣示"王室其将卑乎"，"民不堪命矣"。这一趋势因国人逐走厉王、共和行政而得以中止。"宣王即位，二相辅之，修政，法文、武、成、康之遗风。诸侯复宗周"。但宣王中兴不过维持了三四十年。幽王即位后，"西周三川皆震"，周太史官感叹"周将亡矣"。结果是幽王见杀于犬戎，平王东迁于洛邑。司马迁用简洁的语言归纳平王在位五十一年的局势说:"平王之时,周室衰微。诸侯强并弱,齐秦楚晋始大,政由方伯。"但这一切在平王时代不过刚刚开始而已。本纪关于桓王时期一共记载四件事,分别为郑庄公朝天子而桓王不待之以礼、郑与鲁易许田(亦即《史记·楚世家》所谓"郑侵天子之田")、鲁国杀隐公、郑拒王师而射王中肩。这全是封建礼制从上到下崩溃的信号。接下去是齐桓公始霸,晋文公以诸侯召天子会于践土,楚庄王问鼎轻重。周威烈王二十三年,"九鼎震。命韩、赵、魏为诸侯"。显王时,"诸侯皆为王"。全篇本纪以秦庄襄王灭东、西周,"东、西周皆入于秦,周既不祀"结束。

如果说《周本纪》是鸟瞰式历史叙事的比较翔实的文本,那么前述二表序言则是其更精练的简写本。《史记·十二诸侯年表序》概括西周末至鲁哀公获麟时期的史事说:

> 周道缺,诗人本之衽席,《关雎》作。仁义凌迟,《鹿鸣》刺焉。及至厉王以恶闻其过,公卿惧诛而祸作。厉王遂奔于彘。乱自京师始,而共和行政焉。是后或力政,彊乘弱,兴师不请天子,然挟王室之义以讨伐,为会盟主,政由五伯。诸侯恣行,淫侈不轨。

贼臣篡子滋起矣。齐秦晋楚,其在成周微甚,封或百里、或五十里。晋阻三河,齐负东海,楚介江淮,秦因雍州之固。四国迭兴,更为伯主,文、武所褒大封,皆威而服焉。

《史记·六国年表》则这样追述七国僭礼用诈至于秦兼并天下的历史:

> 至犬戎败幽王,周东徙洛邑。秦襄公始封为诸侯,作西畤,用事上帝,僭端见矣。……今秦杂戎翟之俗,先暴戾,后仁义,位在藩臣而胪于郊祀,君子惧焉。及文公逾陇,攘夷狄、尊陈宝,营岐雍之间。而穆公修政,东竟至河,则与齐桓、晋文中国侯伯侔矣。是后陪臣执政,大夫世禄,六卿擅晋权,征伐会盟,威重于诸侯。及田常杀简公而相齐国,诸侯晏然弗讨,海内争于战功矣。三国终之卒分晋,田和亦灭齐而有之。六国之盛自此始。务在强兵并敌,谋诈用而从衡短长之说起。矫称蜂出,誓盟不信。虽置质剖符,犹不能约束也。秦始小国僻远,诸夏宾之,比于戎翟。至献公之后,常雄诸侯。论秦之德义,不如鲁、卫之暴戾者;量秦之兵,不如三晋之强也。然卒并天下,非必险固便、形势利也。盖若天所助焉。

除了贾谊,在司马迁以前,从来没有人像他这样地讨论历史。这里有才具的问题,有大量地积累历史知识的问题,但更重要的是,只是到司马迁前后,人们才具备了通过历史书写的形式把过去作为一个不断变迁的动态的过程来理解和呈现的成熟意识。

二本纪和二表序言,为《史记》对秦统一前全部历史叙事构建了一个系统的解释框架。其中有许多典型事件,作为象征某种特定形势或特定时间段的背景标识,不断地被司马迁在不同场合反复提及。乍看起来,他在那些场合所交代的史实,与诸如齐桓始霸、鲁三桓强于公室、晋六卿始大或田常弑君等等事件并无直接联系。但一经这些标识的提示,原先看起来很可能是孤立的事情,就被放置到上述解释框架的整体系统中去了。

用简练的语言提示出长期历史演变中的若干关节点,从而显现该过程基本趋势的写作方法,当然也不只使用在前面提到的本纪和二表序里。《史记·赵世家》相继以"自叔带以下,赵宗益兴"、"晋由此大夫稍强"、"晋国之政将归六卿"(引叔向语)、"晋宫室由此益弱"、"赵名晋卿,实守晋权"、"于是赵北有代,南并知氏,强于韩、魏"等语,标示出赵国从始建其氏于晋国直到成为三晋之强者的发展历程。有时候,《史记》还会以概括性的重叙,来强调某种长时期的脉络。《史记·吴世家》紧接着"梦寿立而吴始大,称王"之后补充说:"自太伯作吴,五世而武王克殷,封其后为二。其一虞,在中国,其一吴,在夷蛮。十二世而晋灭中国之虞;中国之虞灭二世,而夷蛮之吴兴。大凡自太伯至梦寿十九世。"这样的交代极便于把视历史为某种过程的意识传达给读者。

为了充分揭示往往呈齐头并进状态的若干条线索之间的共时性关联,《史记》设计了十表。其中一为世表,一为月表,其余都是年表。赵翼指出,年表的一个好处,是可以用来记载那些"传之不胜传,而又不容尽没"的人物,这是有道理的。但是诸如《十二诸侯年表》、《六国年表》、《秦楚之际月表》等却完全不是这种情况。兹举《六国年表》为例。自孔子"获麟止笔"到战国中叶为止史料记载的缺乏,早已由顾炎武在《日知录·周末风俗》中指明。诸子文献很少纪年,再加上秦始皇焚毁诸侯史记,导致《史记》的战国纪年几乎只能以"秦纪"作为依据。因此《史记》战国部分的写作,很可能是先根据相对丰富的秦代史料编成《秦本纪》,而后将《秦本纪》中关涉六国的信息分散到有关各国,制成《六国年表》。再据年表、各国君主谱系和战国故事写成韩、赵、魏、楚、燕、齐等世家的战国史部分。被《史记》战国史部分利用过的"秦纪"以外的诸侯纪年资料,可能只有敬侯元年(前386)以后的赵国编年史。司马迁以此写成《赵世家》,并用它来补充《六国年表》的相关记事。《史记》各篇中有关战国纪年的不一致,便可以部分地从这里得到解释①。

关于六国的史实,对司马迁来说不是太多,而是太少了。因此他苦心编制《六国年表》,显然不在用它来记载那些记之不胜记的事迹,恰恰是为了更有力地揭示,处于此刻或彼刻之同一时间平面上的诸多政治实体各自的演变状态及其如何相互关联,从而在多头并进的历史变动之中,把握某种相对统一的节律。他说《六国年表》所记,"凡二百七十年,著诸所闻兴坏之端",其所指应当就是这个意思。

《史记》诸表及世家的部分对各诸侯国的不同排列次序,也很值得注意。除秦被列为本纪以外,可将《史记》"世家"部分对春秋、战国时期十九国的排列顺序划分为三组,即:

吴、齐、鲁、燕、管、蔡、曹、陈、杞;

---

① 有关《史记》中战国史料的讨论,本文主要依据的是藤田胜文在其著作《史记战国史料的研究》(东京:东京大学出版社,1997年)里的见解。参见该书页105—121、页260—261及页279—306。

魏、宋、晋、楚、越(?)、郑；

赵、魏、韩、田敬仲完。

其中从齐至杞九国，受封于周武王时期。吴的封授未确见于文献，但司马迁显然相信太伯、仲雍奔荆立国的传说，所以也把它列为最早的诸侯。成王时分封了魏、宋、晋、楚，加上宣王时分封的郑，凡五国；越国据《韩诗外传》，"亦为周室列封"，但始封的时间失载。赵、魏、韩分封于周威烈王时，加上安王时受封的田齐，东周所封共四国。是知世家对列国的排列顺序系依据其受封时代无疑[①]。

但在《史记》诸表中列国的排列顺序便与世家排列颇有不同：

三代世表　　　　周、鲁、齐、晋、秦、楚、宋、卫、陈、蔡、曹、燕

十二诸侯年表　　周、鲁、齐、晋、秦、楚、宋、卫、陈、蔡、曹、郑、燕、吴

六国年表　　　　周、秦、魏、韩、赵、楚、燕、齐

三代世表与十二诸侯年表的排列顺序基本相同。周以宗主列置首位；鲁以《春秋》史文之所从出而居次；齐、

---

① 伊藤德男《〈史记〉的构成与太史公的心声》，东京：山川出版社，2001年，前揭书，页20—21。

晋、秦、楚俱以先后称霸一时的强国而列于鲁后。剩下的诸国,则分别按公(宋)、侯(卫、陈、蔡)、伯(曹、郑、燕)的爵位高低列置;吴则以蛮夷而向化华夏,《春秋》以"吴子"称之,所以被排在最后①。但是《六国年表》的排列顺序就不一样了。除将名义上的共主(至少战国前期仍如此)周排在首位以外,后来统一天下的秦国的位序排到其他六国之前;而剩下的六国,基本上是按照与秦发生密集对抗或者被秦并灭的时间先后来列置的②。这完全是一个以秦为中心的序列。

所以,如果说《史记》在世家十九国的排列上展现了分封制逐渐扩张的过程,那么它在三表的列国位置中表达的,则是封建等级制度怎样被春秋时代的霸政所侵蚀,又怎样被以秦国为首的战国诸雄最终颠覆的历史动向。假如这种见解还不过于牵强,那么它正好可以说明司马迁对历史的过程性是多么在意。甚至在相当细节性的安排上,他都坚持要着意将它彰显出来。

---

① 见吉本道雅前揭书,页154—155。又按文献记载中西周的五等爵位制与今存金文资料所反映的当时实况似不符合。但《史记》是相信"周封五等,公侯伯子男"之说的(见《史记·汉兴以来诸侯年表》"太史公曰")。又按:吴之所以称子,据《春秋》"定四年"、"哀十三年"公羊传,是因为吴本夷狄,而能"忧中国",乃至以中国礼仪主持会盟。

② 伊藤德男前揭书,页30—33。

六

《史记》还通过增减有关记事的方式来蓄意地突出历史变迁的过程性。试比较《史记·十二诸侯年表》与《史记·楚世家》关于楚国的庄王、共王、康王、灵王与平王等连续五王在位期间的记事条目[①]：

	庄王	共王	康王	灵王	平王	昭王
楚表	10	18	7	8	12	12
楚世家	12	1	1	13	15	15

上表很清楚地表明，楚世家关于共王、康王的记事被大幅度缩减。楚庄王被司马迁认为是在春秋时能够接续其殷周先祖重黎、吴回、鬻子、熊绎、熊渠的贤主（《史记·太史公自序》）。从庄王到灵王是楚国在春秋时代的发展期；而灵王末至平王则成为楚转入衰退的时期。共王、康王期间诸多记事的省略，就将从庄王到平王时代的历史变迁连续性更清楚地突现出来了。

《史记》对口传故事的使用，也往往集中于能鲜明地体现历史变化关节的那些时期。楚世家对春秋时代楚国史的记述，即在庄王、灵王及平王时期插入了许多故事。

---

① 藤田胜久前揭书，页 404—408。

而在战国时代,这一类故事除有一则出现在威王时代外,大都集中在怀王期。它们讲述怀王如何拒绝陈轸、屈原的谏言而轻信张仪,被秦扣留的过程。最后在顷襄王时又配有两则故事,交代了楚国试图复兴合纵的失败,从而显示出楚国灭亡的结局。在《史记·秦本纪》的春秋史部分,这一类故事也集中地被安排在秦穆公时期,而司马迁恰恰把秦穆公看作与齐桓、晋文具有相同地位的霸者(《史记·六国年表序》),因而把他的时代视为秦国历史非常重要的发展时期①。

这里需要补充指出的是,先秦时代的文献往往以书面的和口传的两种形式流传。因此所谓"口传故事",实际上主要并不指其口传形式而言。它的基本特征,是具有相对详赡具体的情节、场景乃至人物对话等等的描写,因而明显地不同于编年记事中那种简略的、往往是单句式的叙事。当然这种形式的叙事在口传过程中更容易发生变异,分化为许多种不同的版本。其中有些也会被编入相对固定的"文本"(如《左传》、《国语》),或者作为诸子学说中口头传承的组成部分,有些则变形为接近"寓言"或所谓小说家言的言说。藤田胜久力图用日语汉字"记

---

① 藤田胜久前揭书,页242—246。

事"、"故事"以及"说话"(即汉语的"故事")来对它们进行区别。但这样做实际上是相当困难的。因此我们在这里将与编年纪的简明叙事风格不同的情节描写全部笼统地称为口传故事。

司马迁大量引述口传故事,也给《史记》带来了某种难以否认的缺憾。顾颉刚很早就指出过,司马迁以"整齐"诸家之说为其编写方针,力求把各种来源的资料综合在同一个叙事系统里,结果给他的著作带来许多互相矛盾的记述[①]。前面已经提到,《史记》有关战国史的叙事,可能有将近一半来源于比今本《战国策》更早的一个"元国策"文本,它显然不属于严格意义上的历史记载,因此有古人称司马迁"大胆莽撞"。关于这一点,杜兰特写道:"只有那些不顾一切地把司马迁当作一个全方位的历史学家来崇拜的人,才会为他辩护说,这位汉代历史学家曾经用心地考量过,在大部分出自那本'元国策'的种种巧妙的阴谋故事里,究竟哪些才是经得起推敲、因而值得写

[①] 曾国藩亦因此目《史记》为"大半寓言"。章太炎曾举扬雄以《太史公书》为实录而批评曾国藩说:"迁虽才,属辞不过景帝以下,前即伯夷、老、庄、孟、荀,其他结集与施训故而已。如六国分裂之世,奇材固多。悉弃则不忍,悉信则非国史所传。是为移易其文,不敢有增损,以厕传疑之列。乃所以为实录也。若寓言者,可以为实录乎哉?"见章氏《读〈太史公书〉》,《章太炎全集》,上海:上海人民出版社,1999年,第5册,页120。

进严肃的历史叙述里去的。"在杜兰特看来,司马迁既是严肃的历史学家,又是有点华而不实的轶闻编纂者。因此在《史记》里,历史学的标准经常被"故事本身的打动力"所取代,从而使司马迁失去对书写的控制①。

另一个显著例子是孔子的传记。司马迁在其中引用了《论语》的大约五分之一篇幅,涉及其全部篇目的六分之五。可以设想,仅仅为了把这么多孔子言论分别置入合适的上下文情景,司马迁就需要采纳多少有关孔子的故事在他的传纪中。杜兰特高度评价《史记·孔子世家》:"尽管有关孔子故事和传说的丰富积存远早于司马迁的时代业已存在,但从来没有人试图将它们组织到一部'传记'中去。因此,《史记》卷四十七……是中国历史上尝试撰写这位大师一生行迹的最初努力。它不但在司马迁的著作中,同时也在中国文化史上拥有重要的地位。"但在另一方面,虽然不完全赞同崔述、沙畹乃至顾立雅对《史记·孔子世家》在资料处理方面的尖锐批评,他还是承认:"司马迁在保持孔子传记中各种事实的一致性方面,……不能说是完全成功的。在他之后的几个学者

---

① 杜兰特(Stephen W. Durrant)《模糊的镜子:司马迁著作中的张力与冲突》,阿尔巴尼:纽约州立大学,1995年,页103—104。

已经将留存下来的各种资料重加编排,形成了这样或那样更有说服力的解释框架。"①不过,在断言司马迁"违反"了对史料进行必要辨析的基本规范时,我们也许应当更加谨慎。毕竟在他的时代,被今天看作是历史研究最基本的这些规范本身,尚在形成的过程中。司马迁对此显然已经有了某些十分朴素的感觉,我们不可以在这方面对他怀有更高的期许。

以上讨论想来应当可以证明,司马迁是如何通过对历史资料的搜集、剪裁、编排和综合,来精心表达自己的过程论历史观的。他援引孔子的话说:"我欲载之空言,不如见之于行事之深切著明也。"虽然极赞成孔子的这个主张,但他远远不能满足《春秋》式的历史记载在"见之于行事之深切著明"方面所达到的程度。所以他又借回应壶遂谓孔子"作《春秋》,垂空文以断礼义,当一王之法"的

---

① 杜兰特前揭书页 29—36、页 5—6 等处。按顾立雅(H. G. Creel)认为,司马迁在他的孔子传里表达的,是一种普遍地将儒生,尤其是将孔子视为"言不由衷"、"虚假伪善"的"亲道家"立场;《史记·孔子世家》总体上是一篇小心地隐含有"讽刺"的作品。杜著则主张,司马迁因为过分相信那些来源庞杂的史料而把某些取向暧昧、甚至否定孔子的故事写进传记的事实,不应当使我们因此就忽视另一个事实,即《史记·孔子世家》的总体目标是要赞美孔子保存和传播古代文化的功绩。可参阅该书对《史记·孔子世家》所进行的新阐释。

机会,在肯定《春秋》以"采善贬恶,推三代之德,褒周室"为特征的同时,宣称自己的著作是"述故事,整齐其世传",因而不应与《春秋》相提并论。司马迁所谓"述故事",可以说有一点"让历史自己说话"的意思。但更准确地说,他其实是要让历史按他所理解的方式来自行说话。而支撑着其理解方式的最基本观念,应当就是他对历史过程论的自觉意识。这是司马迁能够超越他的前辈及其同时代人的最关键因素之一。

不过司马迁并没有走得如人们也许会希望于他的那样远。《史记》的过程史观,是表达在它对一系列历史事件的具像描写之中的。作者似乎无意从这个过程中去寻找某种单一的、简单化的、带有终极原因色彩的变化推动力。

一般地说,《史记》总是十分重视人的主观意志及行动的历史作用。所以书中不断强调"安危之机,岂不以谋哉"(《史记·孝景本纪》"太史公曰"),慨叹"夫计之生孰成败,于人也深也"(《史记·韩王信卢绾列传》"太史公曰")。它这样批评项羽所谓"此天亡我,非战之罪也"的检讨:"谓霸王之业,欲以力征。经营天下五年,卒亡其国。身死东城,尚不觉寤,而不自责,过矣!乃引天亡我,非用兵之罪也。岂不谬哉!"(《史记·项羽本纪》"太史公曰")个人对历史的影响有时甚至被司马迁估计得超乎寻常地深远。在他看来,"燕北迫蛮貊,内措齐、晋,崎岖强国之间,最为弱小,几灭者数矣。然社稷血食者八九百岁,于姬姓独后亡,岂非召公之烈耶?"(《史记·燕世家》"太史公曰")越王后人世代为侯,乃至项羽前期的成功,也被他认为与先祖(即禹和舜)的"遗烈"有关。

不过,《史记》同时也充分意识到,人的主观意志及行为必须被放置在它与当时政治、经济、文化等外部客观环境之间的张力中间加以评价和认识。它比较范雎、蔡泽在关东与秦的不同遭遇说,两人都在关东"白首无所遇",而西入秦则"继踵取卿相",此乃取决于其所游说之国的"强弱之势异也"。不但如此,个人才能与二者相当"而不得尽其意,岂可胜道哉"!由此可知士有遇与不遇的差别,其命运并不完全决定于他们的才具本身(《史记·范雎蔡泽列传》"太史公曰")。司马迁写道,齐在春秋称霸,不仅因为有"太公之圣"、"桓公之盛",而且也由于"其民阔达多匿知"的"天性"(《史记·齐世家》"太史公曰")。相反的情形是,汉衡山王以谋逆而亡国,此"非独王过也,亦其俗薄,臣下渐靡使然也。夫荆楚僄勇轻悍,好作乱,乃自古记之矣"(《史记·淮南衡山列传》"太史公曰")。

人们身临其间的总体社会环境,《史记》或以"形势"

名之。这种"形势"有时候是无可抗拒的。如"厉、幽之后,王室缺,侯伯彊国兴焉,天子微,弗能正。非德不纯,形势弱也"(《史记·汉兴以来诸侯年表序》)。有时候人也可能驾驭形势,但必须有得当的策略。汉初诸侯强盛,晁错以"刻深"用术而"侵削诸侯,别疏人骨肉",结果导致七国之乱;汉武帝用主父偃建言,行推恩法分析强藩,方才扭转局面,再造"强本干、弱枝叶之势"。形势的惯性是长期过程的产物,但它又处在不断的变化中。人的主观动机必须与"形势"相协调。《史记》以"与时变化"或"不知时变"论人成败,正是出于此种认识。它总结秦政之败说:"夏之政忠。忠之敝,小人以野,故殷人承之以敬。敬之敝,小人以鬼,故周人承之以文。文之敝,小人以僿。三王之道若循环,终而复始。周秦之间,可谓文敝矣。秦政不改,反酷刑法,岂不缪乎!"(《史记·高祖本纪》"太史公曰")

人可以通过许多方式来感知他所处的形势。其中之一是观星象、望云气。《史记·天官书》说:"礼、德、义、杀、刑尽失,而填星乃为之动摇";"景星者,德星也,其状无常,出于有道之国"。从这些话看,天象似乎是对人间政局的反映。但在另外一些例子里,天人之间的对应关系孰因孰果就不容易辨别了。如"月行中道,安宁和平";

其若历太阴之道,则"大水,兵";历阳星或太阳之道,则或"多暴狱",或"大旱丧"也。其中似乎存在着某种来自天运的对于人间社会的支配力。在这一点上,司马迁和班固的见解似乎颇有差异。班固完全把天象看作对人事的反应和告诫。《汉书·天文志》写道:"此皆阴阳之精,其本在地,而上发于天者也。政失于此,则变见于彼,犹景之象形,响之应声。"是在地为形为声,天变为影为应也。但《史记》却反过来把天变理解为形,而人事是其应:"由是观之,未有不先形见而应随之者也。"它并没有明确"形"本身的根源又是什么。《汉书·天文志》对此语不予采纳,看来不是偶然的。

司马迁写道:"夫天运三十岁一小变,百年中变,五百载大变。三大变一纪,三纪而大备。此其大数也。为国者必贵三五,然后天人之际续备。"正因为人无法透彻地理解天意,所以他们往往无法对有些涉及重大历史关节的事件作出清楚的解释。司马迁论秦发迹的缘由说:"秦始小国僻远,诸夏宾之,比于戎翟。至献公之后,常雄诸侯。论秦之德义,不如鲁卫之暴戾者;量秦之兵,不如三晋之强也。然卒并天下。非必险固便,形势利也。盖若天所助焉!"(《史记·六国年表序》)在《史记·秦楚之际月表序》里,他先列举前代受命者都须积善累功长达数十年甚至十余世的事实,然后指出,秦楚"五年之间,号令三嬗","卒践帝祚,成于汉家"。在他看来,汉朝一统天下之易,同样只有用"岂非天哉",用"非大圣孰能当此受命而帝者乎"来解释。司马迁把人的理性所无法把握的现象归因于天,亦或归之于"命"。因此历史的过程实由来自天、人两方面的动力所演成。司马迁所谓"究天人之际",大概就是要追究历史演变中天意与人事因素这两大范围之间的界限所在①,从而得以"深观时变,察其精粗"。

所以,"究天人之际",实际上就是承认并且要探察人类认知和理解历史变迁的最高边界,并且为超乎这一边界的历史现象保留观想的空间。司马迁生活在帝制儒家"天人合一"的神秘主义思潮迅速崛起的时代。"究天人之际"的主张出现在这样的思想背景之下,使司马迁试图超越其主观认识的限制而尊重历史叙事客观性的努力显得格外可贵。

七

司马迁对历史的再现,并没有像《春秋》、《左传》或先秦的其他历史著述那样局限在政治史这一个层面上。

---

① 此用徐复观说,见徐氏前揭书,卷三,页198。

W·J·皮特森认为,《史记》是一部类似于布克哈特的《意大利文艺复兴时代的文化》那样的"文化史"。他引用W·弗古孙的话说,这类文化史具有如下几项重要特征:一、叙述的而不是分析的;二、总体的但非系统的;三、按主题编排而不完全是编年的;四、尽管承认"政府"的重要性,但不只关注政治过程,相反却强调形形色色的个人及其道德自主;五、写作意图来自对当前文化状态的不满①。写作这样一部"文化史",对作者的天赋、思想创造力和道德上的勇气都是一种严峻的挑战。

《史记》的"八书",是在军事及政治事件的范围以外,对当日中国历史上各种重大集体经验的简明而系统的陈述。尽管这些知识在司马迁之前早已存在,但他们只是分别在职司相关事务的专业人群内世代传承;正如班固追述律历算术的由来时所说,"宣于天下,小学是则。职在太史,羲和掌之。"②也尽管其中某些知识早已被片断地记入过史册,如《春秋》中的"石陨于宋五"或"六鸟退飞"之类。甚至有少数已经具备专题的单篇历史著述的形

---

① 皮特森(Willard J. Peterson)《作为文化历史学家的司马迁》,载同氏主编《文化的力量:中国文化史研究》,香港:香港中文大学出版社,1994年,页77。

② 《汉书》卷二十一《律历志上》。

式,如《尚书·禹贡》。但是只有在司马迁的手里,它们才作为系统考察的对象,第一次被比较全面地整合到一部综合的历史著作中去。

十分可惜的是,《史记》"八书"中,有三篇即《礼书》、《乐书》与《律书》,连同景帝、武帝的本纪等共十篇,在班固之前已经亡失。由于揭出此事的张晏只提到今本《史记》里的《武帝本纪》、《三王世家》、《龟策列传》和《傅靳列传》四篇为元、成之际的褚少孙所补撰,所以直到最近还有人主张,今本《礼书》、《乐书》乃至《律书》中的言兵部分,其实仍是"史公的原璧"。但这种看法是十分靠不住的。今见礼、乐两书的主体部分由抄录《荀子》、《礼记·乐记》等书拼凑而成,史实少而议论多,这不符合司马迁所心仪的"载之空言,不如见之行事"的原则。因此崔述批评说,两书成篇抄录《荀子·礼论》、《礼记·乐记》,"皆与汉事不相及。岂不与'封书'、'平准'等书为自乱其例乎"[①]?成篇地抄录"与汉事不相及"的语句来敷衍成文的人,与其说是司马迁,还不如认为是某个既欲补书缺文,又苦于无事实可述的好事者。又,今本《乐书》记汉初礼

[①] 《史记探源·十》。

乐之制曰:"高祖过沛,诗侯之章,令小儿歌之。高祖崩,令沛得以四时歌儛宗庙。孝惠、孝文、孝景无所增更,于乐府,习常隶旧而已。"在这里,史文根本没有交待所"习"、所"隶"的"常"、"旧"究竟指何者而言。对照《汉书·礼乐志》,在此段文字之前,先已叙述叔孙通因秦宫乐人而制定宗庙乐,有《嘉至》、《礼至》、《登歌》、《休成》、《礼安》及楚声《房中祠乐》等乐曲;孝惠时改编《房中祠乐》为《安世乐》。是知班固所谓"文景之间,礼官肄习而已",系指袭用上述乐曲而言。很明显,《乐书》的补撰者是暗用《汉书·礼乐志》之文,但抄得不完全,反而抄出了破绽。所以在讨论《史记》时,引用三书作为依据是很危险的做法。

《史记》的另外五书,分别记载了直到汉代前期为止华北社会在天文、历法、水利、经济生活和"用事于鬼神"等领域内的集体经验。

根据东汉张衡的说法,经当时人计点过的"微星之数"大约有一万一千五百二十颗之多;其中已能辩识的有两千五百颗,由航海者(大概主要是南部中国的人们)认定的诸星未计入在内。在为数两千五百的诸星中间,共有一百二十四个"常明"的星座,而已经命名的星座则共达三百二十个[1]。这些数字似乎都有些过大。因为据《晋书·天文志上》,晋武帝时命太史令陈卓统计星宿之数。他将战国时甘德、石申、巫咸三家的数据相加,所得"大凡两百八十三官(官即星座。按该数字或当作两百八十四),一千四百六十星"。但是这两个数字都包含了重复计算的成分。兹将三家数据分列如下[2]:

	星座数	星数
甘德	118	511
石申	122	809
巫咸	44	144
小计	284	1464

三家当中,石申的两个数据最大。马续在《汉书·天文志》里说:"经星常宿中外官凡百一十八名,积数七百八十三星。"是与石申的记录最为逼近。从司马迁《天官书》的原文,已无法统计当时已知诸星的数目总和。因为他没有对每一个星座都给出确凿的星体数字,诸如"参为

---

[1] 《晋书·天文志一》引张衡语:"张衡云,中外之官常明者百有二十四,可名者三百二十;为星两千五百,微星之数盖有一千五百二十"。是此处"可名者"仍系指"中外之官"而言。李约瑟以为这是在说星的数目,似误。见李氏(Joseph Needham)《中国科学技术史》卷三,"数学与天体和地球科学",剑桥大学出版社,1959年,页265。

[2] 李约瑟前揭书,页265。

车,主风","奎曰封豕,为沟渎","娄为聚众"等等。但是从马续的《汉书·天文志》几乎全文袭用《史记》有关"经星常宿"的记载(少数地方也有一些改动),仍可以推知后者已基本上反映了汉代天文知识的整体面貌。甘德等人的星经佚失之后,《天官书》成为记录先秦至西汉天文学史最翔实珍贵的文献之一。

对于几乎完全是由农业经济来支撑的华北社会来说,历法和水利的重要性不言而可知。司马迁强调:"律历更相治,间不容翮忽";"甚哉,水之为利害也"。他有"从负薪塞宣房",即随从武帝亲历治河祭典的真切体验。所以他在历述导河塞决的工程史时能深得要领。《河渠书》用不到一千六百个字,叙述从"禹抑洪水"到汉武帝亲临河决、作"瓠子决兮将奈何"之歌的千余年治水史,居然能讲得有血有肉,丝毫不令读者有局促之感。这篇文字非常突出地表现出司马迁叙事从容的天才。

相比之下,《历书》就写得有一点不尽如人意了。《史记》写作的时代是中国历史上从长期行用四分历(即以 $365\frac{1}{4}$ 日为一回归年)而改用新术制历的重要阶段。武帝元封七年(前104),西汉政府下令行用邓平、落下闳及唐都等人所造新历。是年改元太初,新历也以太初命名。与四分历以 29 又 499/940 日为一朔望月不同,太初历

"一月之日二十九日八十一分日之四十三"①,即以 29 又 43/81 日为一月。太初历中经刘歆修正,前后连续使用一百八十多年。奇怪的是,尽管司马迁在《太史公自序》的最后部分里声称,关于治历之学,"五家之文佛异(按此当指黄帝、颛顼、夏、殷、周之历虽都是四分历,仍多互相悖异之处),维太初之元论",但他在《历书》后半部分的《历术甲子篇》中处理每年冬至的天文资料时,其实并没有采取太初历的演算方法,而仍然以四分之法来推算大余、小余。因此,梁玉绳在《史记志疑》里推测说,《历术甲子篇》非《史记》所原有。他以为,"此乃当时历家之书,后人谬附增入太初等号、年数。其所说仍古四分之法,非邓平、落下闳更定之太初历也"②。阮元赞同的则是另一种看

---

① 《汉书》卷二十一《律历志上》。
② 张文虎《校勘史记集解索引正义札记》卷一引。《历书》载录的《历术甲子篇》以太初元年为"甲寅"之年(按"汉志"记为丙子,是),在解读方面颇使学者感到困惑。平势隆郎认为,《历术甲子篇》或为司马迁在太初改历时提出的一种未被采纳的建议。它坚持四分历的框架,但放弃了观星定位时的"赢"、"缩"之说,因而也就相应改变了木星纪年法的推算方法。据此,因上年冬至超辰而居于丑位的木星,在太初元年末应次于子位,于是与之对应的太岁位置,也就应该处于两星沿丑未线为交会轴的寅位。这就是《历术甲子篇》谓当年太岁在寅的意思。采用这个新方法,也就意味着自超辰之年后,原先的太岁纪年之术已不再生效,所以寅与甲重新组成新一轮的干支。是太初元年计为甲寅。后汉重新使用四分历时,这份资料才引起人们的重视。所以又在原来文本上附加了汉朝的年号。见平势隆郎前揭书,页 41—47。

法。他引述元人朱礼论太初算术说:"司马迁与邓平同定其法,当时以为最密。而《史记》反去太初日分之术,而用古法九百四十分。据《汉书》太初术,建星进退于牵牛之度。知太初术疏而不密。故史迁有意不用其法。"[1]太初历的日分之术,确实不比古法更精确。试比较两者与今测朔望月所含日数的差距大小:

标准数值	29.530588
四分历日数	29.530851(=29 又 499/940)
太初历日数	29.530864(=29 又 43/81)

同样,太初历对一回归年所含日数的推算也不比四分历见优。这也许就是司马迁不愿采纳新法的原因。还有人怀疑新法"以律起历","律容一龠,积八十一寸,则一日之分也";司马迁嫌恶这种用音乐原理附会历术之学的方法,因而虽在太史公的专业职位上受诏遵用八十一分律历,却在自己的私著中对之保持沉默。但是《太史公自序》对《历书》的赞语明言:"律居阴而治阳,历居阳而治

---

[1] 施之勉《史记会注考证订补》引,台北:华冈出版公司,1977 年,页 496。据《汉书·律历志》,司马迁曾与公孙卿、壶遂一同建言修订已经"坏废"的"历纪";邓平、唐都、落下闳等新造太初历后,又"诏迁用邓平所造八十一律历"。朱礼说司马迁曾与邓平"同定其法",或即据司马迁所谓"余与壶遂定律历"(《史记·韩长孺列传》"太史公曰")之语。此不甚确。详下。

阴;律历更相治,间不容翲忽。"他似乎是承认律历之间具有某种内在相关性的。所以这个说法,颇难成立。

太初历的意义,无论如何是被司马迁低估了。"它的朔望月和回归年的数据虽说不比四分历精确,但[它]有以下显著进步:一、以正月为岁首,以没有中气的月份为闰月,使月份与季节配合得更合理;二、将行星的合会周期测得很准,如水星为 115.87 日,比今值 115.88 日只小 0.01 日;三、采用 135 个月的交食周期,一周期中太阳通过黄白交点 231 次,两年为一食年,即一食年 = 344.66 日,比今测值 346.62 日大不到 0.04 日。"[①]或许正是因为司马迁与其同事在历术问题上的意见分歧,导致他最终没有参与太初历的制定,并且在《历书》里对它殊少反映。他把在自己的著作中保存中国历史上第一部"有完整文字记载的历法"的机会,拱手让给了《汉书·律历志》的作者马续。是岂尺短寸长,千虑一失之谓欤!

天文知识在超越灾祥兆示的意义上进入历史思考的范围,对长过程历史观的成熟也有某种促进的作用。先秦时形成的一个最受人注目的时间段单元,是五百年。

[①] 《中国大百科全书·天文学卷》,北京:中国大百科全书出版社,1980 年,页 565。

以五百年为一个周期的观念究竟是如何起源的,现在大概还不容易说清楚。但是至少到了战国中叶以后,随着观察"惑星"运行的占星术之发展,五百年的周期就应当被与木星、土星和火星在天穹相聚的周期即 516.33 年之数联系在一起了①。类似的时间段在司马迁的时代更形成为一个系列组合。如前文已引述过的,司马迁列举"天运"流变的时间段说,三十岁小变,百年中变,五百载大变,三大变一纪,三纪而大备。这里的三十之数,应来源于六十干支之半,五百为三星合聚的周期年数目。三大变为一纪,则与章、蔀、纪的纪年法有关。在东、西方历史上,十九回归年都是一个重要的时间单元,因为它可以使被它包含的全部太阴月都保持完整,即含有 235 个完整无缺的太阴月。也就是说,十九与每回归年所含日数之乘积,几乎正好可以被一个太阴月所含日数除尽。战国之初的人们已懂得以十九年置七闰月的历术,大约一百

---

① 李约瑟前揭书,页 408。在中亚,可能起源于萨珊王朝的星占术所关注的,则是木、土两星在同一"三宫"中会聚的周期。据穆斯林天文学家阿卜·马乌沙尔·阿勒·巴里黑的推算,该周期长度为 245.9 年;也就是说,正好相当于"五百载"的一半。它的来临,据说同样会伴随人间重大的政治或宗教变动。参见肯尼狄(Edward S. Kennedy)《基于成吉思汗经历的一部星象史》,载同氏《中世纪穆斯林世界的天文学与星占学》,海姆耶,艾尔德肖:阿希盖特出版公司,1998 年。

年之后,将置闰法与大小月配置一起解决的"连大法"(即"七十六年法")也发明了。是汉人以十九年为一章,四章为一蔀,二十蔀即1520年为一纪,又称一遂或大终。这里的一纪之数又与三大变之积年略等。而三纪亦即4560年,是为大备①。天体经行,四时运转,人类社会变迁的律动,之所以能这样被综合地反映在司马迁的历史叙事之中,乃是因为历史在本体论意义上被看作是与天文学相互贯通的,二者共用种种阐释性假定和方法论言辞。狄考斯莫认为,将天文推算引入对历史现象的理性化叙述,体现了司马迁身为历史学家的一个"革命"方面②。

《史记》用两个篇章,即《平准书》和《货殖列传》,专门记载社会经济史。"平准"一名得自桑弘羊策动的武帝时代以国家垄断为主要动机的经济政策。该篇恰恰以"烹弘羊,天乃雨"的谶语作结句,很难说只是一种无意的巧合而已。书从汉初经济由凋敝走向繁荣写起,继而说到因繁富而生骄溢奢侈之心;因骄溢而广开边功;因兵革数动而府库虚竭;因国用不足,遂卖爵赎禁锢而使吏道渐杂、官职耗废,行盐铁专卖、算缗告缗而言利深刻之臣乃

---

① 李约瑟前揭书,页405—406。
② 狄考斯莫前揭书,页265、292。

布列朝廷。这一系列政策的后果,是民愈贫而国愈富。"商贾中家以上,大率破。民偷,甘食好衣,不事畜藏之产业;而县官(按指天子)有盐铁缗钱之故,用益饶矣。"最后,作者借记述某年小旱求雨的情节,轻轻拈出上举六字点睛之语。每一个细心的读者,在这时都会怀着急切的心情,想知道司马迁在篇末的"太史公曰"中,将如何评价这一段当代经济史。但是与他的一贯做法不同,司马迁在这里,只是对唐虞殷周至秦代的经济政策作了一番简短的回顾。就像是增加在"汉兴,接秦之弊"的本篇起首语之前的一段序言。不过他还是在这段话的最后,借批评秦王朝经济政策的口气写道:"古者尝竭天下资财以奉其上,犹自以为不足也。无异故云,事势之流,相激使然。曷足怪焉!"对国家刻薄百姓的现象,本不必费心去追究什么特别的原因,只须一睹眼前的武帝政府如何在事势相激之下走到"令吏坐市列肆,贩物求利"的地步,便知这实在不足为奇!他就这样绕了一个弯子来指斥"今上"。

但是司马迁还不满足于这样说。所以他又在《货殖列传》的一开头,在揭明老子主张的"至治之极"早已过时,"必用此为务,挽近世,涂民耳目,则几无行矣"之后,更断然指出,对民间以工商邀利求富的积习,"善者因之;其次利道之;其次教诲之;其次整齐之;最下者与之争"。

如果说《平准书》的结语其实只能算是它的篇首序言,那么它真正的结语,好像是被司马迁转移到了《货殖列传》的开篇之处。"最下者与之争",难道不正是对"烹弘羊,天乃雨"最好的注脚吗?

《货殖列传》与《史记》最末的其他几篇列传一样,不能完全以人物合传视之。《龟策列传》的合传部分是已经遗失了。而其篇首以"太史公曰"开头的那一长段文字是否司马迁原作,亦颇不易判定。刘知幾所说"龟策所记,全为志体",不知其所指是否也包括开头的这一段文字在内。但带"志体"(就《史记》而言,应改称"书体")特征的列传,恐怕不止这一篇而已。此外,至少《儒林列传》和《货殖列传》也部分地带有"志体"的性格。后者文字中最足珍贵的部分,就是对当日中国各大区域的经济文化面貌的系统描述。它与先于它的《尚书·禹贡》及后于它的《汉书·地理志》的风俗部分一起,成为关于先秦与秦汉中国经济—文化地理最重要的历史文献。兹将《货殖列传》所划分的经济—文化区域列举如下:

1.关中 2.巴蜀 3.天水、陇西、北地、上郡 4.三河 5.种代 6.燕 7.上谷至辽东 11.齐鲁 12.梁宋 13.西楚 14.东楚 15.越 16.南楚 17.九嶷、苍梧以南至儋耳在以上诸区域中，天水、陇西、北地、上郡，种代，上谷至辽东三区处于华北旱作农业与其更北面的游牧、渔猎区的交界处。南部中国的"越楚"（包括越和三楚）属于稻作文化区，它与华北旱作农业区的交界在"楚夏之交"的"陈"地。司马迁写道，与华北核心地区地狭人众、经济文化与社会关系发达的情形颇多反差，"楚越之地，地广人稀，饭稻羹鱼，或火耕而水耨。果隋蠃蛤，不待贾而足。地势饶食，无饥馑之患。以故呰窳偷生，无积聚而多贫。是故江淮以南，无冻饿之人，亦无千金之家"。九嶷、苍梧以南则属"扬越"地区，"与江南大同俗"。而闽中为于越之地。在不到一千一百字的篇幅中间，司马迁相当详细地介绍了华北各核心地区的自然环境、经济状况、谣俗土风、通商要道和名城大都，而后由北而南，述及三楚、诸越地区。就像是一幅用语言呈现的经济—文化史地图，《货殖列传》里的这一段落，可以说是全部《史记》中最经典的文字之一。

《货殖列传》对商人的描述，很有一些人不喜欢。他们认为这反映了司马迁艳贾崇利的庸俗取向。然而，要不是《货殖列传》留下的这几个有名有姓、有血有肉的商人形象，对于古典中国极其活跃的商贾群体，在我们的印象里，不是就要变成一群五官不全的"无脸鬼"了吗？

社会经济、特别是工商业的历史状况,既是《平准书》,又是《货殖列传》的主题;那么它们是如何被分割在这两个篇章里的呢?似乎前者着眼于国家政策与社会经济之间的关系,后者则关注经济活动自身及其与"谣俗"之间的关系。如果说日后脱胎于八书的"志体"往往以政府的各种制度设施为记载对象,那么至少从现在可以见到的五书来看,《史记》并没有为正面地记载作为国家行为的各种"经制"设置专门的篇幅。此种判断也完全适用于五书中最使后人感兴趣的《封禅书》。

《封禅书》中所隐含的作者立场相当复杂。它以表面看来很中性平淡的语言,细数武帝如何在封禅事神的问题上一次又一次地受方士愚弄,"然羁縻不绝,冀遇其真"的经过。这些事实本身,或许就可以看作是对汉武帝佞神淫祠的揭露和批评,这当然是没有疑问的。但如果因此就把《封禅书》看成仅仅是一篇指斥迷信的檄文,则又未免把司马迁的态度过于简单化了。尽管因为近世"封禅用希,旷绝莫知其仪礼",故而"群儒既已不能辨明封禅事",但是司马迁与他同时代的许多人一样深信,这是一种来历久远的古制。"自古受命帝王,曷尝不封禅?"司马迁的父亲,由于身为太史而不得随行武帝"建汉家之封",竟至"发愤且卒"。《史记·太史公自序》记司马谈临终,执迁手而泣曰:"……今天子接千岁之统,封泰山,而余不得从行。是命也夫!命也夫!"司马迁这样郑重其事地记录父亲对不能参与武帝封禅的遗恨,实际上表明他并不因为封禅说中夹杂了太多的虚妄而将它本身也看作是一种自欺欺人的把戏。正如他虽批评"星气之书,多杂禨祥,不经",但他的《天官书》表明,对那些"验于轨度"的天象之形见应随,他其实是相信的。如果上面的分析尚能贴近实相,那么司马迁对武帝封禅的复杂态度,至少应由以下三层见解构成。

武帝封禅具有充分的历史正当性。从今存文献看,封禅之说最早见于托名管仲的《管子》书里,原应出自齐地的神仙方术学说,而被秦始皇采纳为国家典礼。但是汉人普遍相信它是一种古已有之的重大的祝祠之事。梁玉绳说:"太史谈且死,以不及封禅为恨;相如且死,遗封禅书以劝。当时不独世主有侈心,士大夫皆有以启之。"中井积德也写道:"虽迁亦未知封禅之为非也。是汉儒之通病矣。"[①]不过封禅又是不能轻易举行的。司马迁说,即使"受命而王,封禅之符罕用"。他列举行封禅所必须具备的条件包括:受天命而治;"万灵无不禋祀";所治之地

---

① 见施之勉前揭书,页1737。

臻于泰山;治而有德;德洽而多历年所。《封禅书》历述汉初史事的部分,实际上在强烈地暗示,由汉举行封禅的历史时机,在武帝时已经完全成熟了:刘邦斩白蛇而神母泣,秦始皇见东南有天子气,这是汉当代秦的符征;高祖祷枌榆社、祠蚩尤,又以祠祝官及女巫广祀天地、五帝、杜主、堂下、九天、河、南山、秦中,并令郡国县立灵星祠祭后稷,是万灵皆得禋祀矣;历文景而至武帝,则济北王献泰山,常山王籍废,而五岳皆在天子之邦,是功至梁父矣;武帝之初,"汉兴已六十余岁矣,天下乂安,荐绅之属,皆望天子封禅,改正度也",是汉已德洽而时暇矣。接着又发生获一角白麟和神鼎复现于河东的瑞应。武帝这才振兵释旅,封泰山而禅肃然。这时离他初即帝位,已有三十年了。与秦始皇登泰山的情状完全不同,封禅之际,"泰山无风雨灾";"其夜若有光,昼有白云起封中",而江淮间则"一茅三脊"。我们很难将上面引述的这些记载全看成是司马迁的暗讽之词。它们只能表明,在司马迁看来,武帝的封禅是很成功的。

然而汉武帝所冀望于封禅的,除增延汉祚之外还有他的私人动机,即以封禅求益寿不死,或与神通。所以他会感慨:"诚得如黄帝(按指化去不死),吾视去妻、子如脱屣耳。"他为"候祠神人,入海求蓬莱",一再受骗而至死不悟。这一点也被司马迁一一如实地记入《封禅书》里。他或许对武帝的这种行为深不以为然。但从班固的《汉书·祭祀志》差不多全文抄录《封禅书》中的这些内容来看,汉人也许并不像现代人对此类记事的阅读反应那样,直接就会将它们理解为是在抨击"武帝所兴为者,皆堕诞罔中,不待一二论说也"[①]。司马迁生活在一个人可以因"腹诽"的罪名被处死甚至灭族的时代。在事关当代的问题上,他不大可能把这种危险的意识太明显地暴露在自己的著作中。

那么,司马迁对武帝封禅的肯定,是不是意味着他全面地赞同形成于战国、最早实现于秦、而在汉武帝手里最终确立的君主专制的中央集权的统一国家体制呢?《史记》通过对春秋战国至于秦汉的政治变迁过程的系统历史叙事,表明由先王圣人"则天"而制定的分封体系及其政治、社会和文化秩序,已经随着变化的时势而无法挽回了。在这种情况下,统一的专制君主官僚制国家的出现成为历史自身的选择而绝难避免。他说:"秦取天下多暴。然世异变,成功大。传曰'法后王',何也?以其近己

---

① 施之勉前揭书,页556;所引文尚可见宋洪迈《容斋随笔》"续笔"卷九"文字结尾"条。

而俗变相类,议卑而易行也。学者牵于所闻,见秦在帝位日浅,不察其终始,因举而笑之,不敢道。此与以耳食无异。悲夫!"(《史记·六国年表序》)但是另一方面,司马迁极敏锐地体察到,这一新的统治体制很容易导致,甚至它本身就天然地带有独裁或暴政的倾向。对新体制暴力性格的警觉、憎恶与切肤之痛,使他怀念甚至呼唤理想中先王时代的礼治、仁政和分封制下的和谐。他批评"秦绝先王之道,杀术士,燔诗书,弃礼义,尚诈力,任刑罚",声言项羽的失败在于他改变了初起义时的分封政策而不肯事古;他宣称:"奉职循理,亦可以为治,何必威严哉!"他甚至用"变古乱常,不死则亡"来指责晁错的用法刻深,尤其是他的削藩主张。卜埃特概括司马迁历史观中对立的这两个侧面说:

> 虽然有些勉强地追随着《商君书》一类著作,司马迁认识到时代业已变化,由于旧有秩序在战国时代已完全崩溃,引入集权帝国的种种制度已经很不幸地成为必需。然而,司马迁同时仍在通过道德框架的透镜解读历史,在上述道德体系中,师法古代圣

人者兴,否则便败亡。①

卜氏将此种矛盾称为中国文化面对"创造的悖谬立场"。司马迁究竟是否如卜埃特所说的那般明确地意识到这一矛盾态度的内在"紧张",而且力图在《史记》中对它从学理上加以说明,似乎还需要进一步的推敲。分封制在他的时代并没有完全消亡,反而好像更接近"地不过万里,山海不以封,毋亲夷狄以疏其属"的所谓古制了(《史记·吴王濞传》"太史公曰")。他或许觉得这两种制度之间未必绝对不可相容。他对中央集权制的批判,实

---

① 卜埃特(Michael Puett)《创造的悖谬:早期中国围绕人的发明与计谋的辩论》,斯坦福:斯坦福大学出版社,2001年,页202。按本书聚焦于战国至汉初的人们围绕着怎样看待史无先例的中央集权统一国家这一人为创造问题上的争论,挑战关于中国古代文化特点的如下支配观点,即古代中国人遵循着师法先圣,而圣人则天的理路,把超出从"有机化宇宙"中"复制"或"提取"人间社会原则之范围的自主性创造视为非道德行为,因而古代中国文化缺乏对于自然与人类自主创造之间存在着紧张的意识。司马迁对秦汉帝国历史合法性的讨论,在该书中占有重要地位。因为作者认为,司马迁对帝制兴起的历史同情与道德批判,表明他已充分意识了上述那种"无法解决的紧张"。不仅如此,《史记》在展示由秦王朝所创造的帝国体制如何在汉代获得最终复兴的过程中,赋予上述紧张以一种新的解释,从而完成了他为无情地切断历史延续性的帝国体制所进行的合法性论证。本书似乎在将司马迁过分"历史哲学化"的同时,完全忽略了当时另一位真正的"历史哲学家"即董仲舒。如果卜埃特所概括的认识古代中国文化的支配观点是准确的,那么董仲舒将大一统的中央集权专制国家的合法性重新追溯到天的意志,恰恰证明古代中国文化对天人联系的认同取向是多么强烈。

际上也不是从"事古"与否的抽象理念推衍出来的。司马迁毕竟不是一个历史哲学家或道德理论家。因此,"无论考察者如何迫使其就范,都无法让他(按指司马迁)的著作里生出思想的'系统'"①。但有一点是清楚的,他并没有势利到唯"时势"是从的地步。面对无可抗拒的变迁而恪守对于现实的批判意识,这应当是他的作品之所以会至今充满人格魅力的重要原因之一。

现在让我们回到八书与后世"志体"之间的差异问题上来。《封禅书》篇末的赞语写道:"……于是退而论次自古以来用事于鬼神者,具见其表里。后有君子,得以览焉。若至俎豆珪币之详,献酬之礼,则有司存。"很明显,司马迁要把《封禅书》写成一篇"自古以来用事鬼神"的政治一社会文化史,而不想屑屑于典章制度的具体细节。这也许反映了他对八书的总体设想。此种设想,是否跟他有意与政府体系保持一定距离的立场也具有某种内在的关系呢?

所谓重现"多层面的过去",不仅是指历史过程的不同侧面而言,而且也意味着从不同的历史视角去观照同一主题的事件或人物,或者有意识地保存关于同一主题

---

① 杜兰特前揭书,页 123 引华森(Burton Watson)语。

的不同记载。学者们注意到司马迁在《史记》各卷末的赞语与全书末《太史公自序》所附的各卷写作旨意，立论断制往往不同。例如他显然不喜欢商鞅的个人性格和他数变其说以自售的投机行迹，所以《史记·商鞅列传》的赞语写道："其天资刻薄人也，迹其欲干孝公以帝王术，挟持浮说，非其质矣！且所因由嬖臣，及得用，刑公子虔，欺魏将卬，不师赵良之言，亦足发明商君之少恩矣！余读商君'开塞'、'耕战书'，与其人行事相类。"可以说通篇没有一句好话。但是在《太史公自序》最后叙各篇主旨时，他又说："鞅去卫适秦，能明其术，彊霸孝公，后世遵其法。"可见他并没有因为自己对传主的个人好恶而隐蔽了在更大的历史格局中为他作出客观定位的意识。《史记》立《吕后本纪》一直为后人诟病，但最近的出土资料表明，当时确曾以"高后"纪年，是证司马迁不过实录而已，没有什么可以指责的地方。《吕后本纪》篇末赞语曰："孝惠皇帝、高后之时，黎民得离战国之苦，君臣欲休息乎无为。故惠帝垂拱，高后女主称制；政不出房户，天下晏然。刑罚罕用，罪人是希。民务稼穑，衣食滋殖。"《太史公自序》则点出诸吕集团在权力争夺中的种种丑恶："惠之早霣，诸吕不台。崇彊禄、产，诸侯谋之。杀隐幽友，大臣洞疑。遂及宗祸。"《吕后本纪》的赞语和叙言所强调的重点，正好与《商鞅列传》的赞叙相反,但它们同样体现了司马迁兼顾主观上的道德判断与外在历史逻辑呈现的用心。这一类例证在《史纪》里不胜枚举。

前面已经提到,《史纪》在广泛利用可以采集到的资料时,还缺乏后来才发展起来的那种越来越精确的史料甄别与考证的技巧。但司马迁并非对这一点毫无意识。不仅如此,至少是在某些场合,他还有意识地把关于同一话题的不同叙事保留在自己的作品里。或许这种做法与杂家对他的影响不无关系。《史记·孔子世家》记老子在告别前去造访他的孔子时说:

> 吾闻富贵者送人以财,仁人送人以言。吾不能富贵,窃仁人之号,送子以言曰:聪明深察而近于死者,好议人者也;博辩广大危其身者,发人之恶者也。为人子者,毋以有己;为人臣者,毋以有己。

但是,《史记·老庄申韩列传》记述的老子之言,却要不客气得多:

> 子所言者,其人与骨皆已朽矣,独其言在耳。君子得其时则驾,不得其时则蓬累而行。吾闻之,良贾深藏若虚;君子盛德,容貌若愚。去子之骄气与多欲、态色与淫志。是皆无益于子之身。吾所以告子,

皆是而已。

在如此事关重大的主题上,司马迁绝不可能对他重复同一个故事而使用了差异相当大的叙事毫无察觉。过去在不同回忆者的言语中经常会有不同的表现。司马迁试图保留这些差异的意识,应该说是极其珍贵的。

八

《史记》关于世界的观念,在中国思想史上也具有很重要的地位。在这个方面,历史赠予司马迁一个十分难得的机会:西汉武帝时代大规模的对外战争、疆域扩张和外交联系,极大地增进了当日中国人对"中国"版图之内及其外部世界的地理知识的了解。长城以外,西汉军队多次深入大漠以北今蒙古国的草原;在西方,张骞"凿空"、李广利征大宛带回了有关中亚、南亚和西亚各国的极丰富的情报;在西南,汉灭滇国,置犍为、越嶲、牂牁、益州等郡于今川南滇黔之地,于是汉人得悉自巴蜀东南经由夜郎至于岭南、自其西南经由滇西而通往南亚的实情。中国人所能确切地加以了解和认识的"六合",前所未有地变得广袤起来。我们简直可以把汉武帝在位的半个多世纪看作是古代中国"地理大发现"的时代!

大量新鲜的域外知识,究竟对《史记》想象华夏以外的世界留下了何种性质的印记?为回答这个问题,我们必须先简要地回顾一下中国人迄于此前的有关认识。

汉初人的地理观,是由两个最基本的层面叠合而成的。这两个层面,各自都有极久远的来历。

第一个层面把"六合之间,四极之内"的"地形之所载",想象为由内朝外向四方作平面推展的一系列"纯方千里"的等面积地域单元,分别称为九州、八殥、八紘。八紘之外各有一座大山,是为八极[①]。我们知道,在此之前中国早已有"海内之地,方千里者九"的说法。九州、八殥、八紘的地理模式,与邹衍的"大九州"之说,乃至《尚书·禹贡》中按山川形势划分的九州,或许都可以看作是按不同的思路对最早的海内九州的观念作逻辑推衍的结果。

另一个层面则将天地之间想象为一个具有等差序列的地域结构。粗略地说,在汉初,这个差序性的地面世界由以下三个等级的地域构成:一是"中国",由华夏核心地区以及中央王朝版图内的"蛮夷"地区构成;二是环绕在"中国"边缘的"夷狄"地区;以上二者合而为"海内"世界。三是越出"海内"范围的更加奇形怪状的"海外"国家,《淮

---

① 《淮南子》卷四"墬形训"。至于八极以外又是什么,此说未曾言及。

南子·墬形训》总共列举出三十六个这样的国家。

　　上述等差式的地理模式,显然也不是新近才产生的。《尚书·禹贡》以王所在地的周围"五百里"划为甸服,其外亦以每五百里为间隔,依次划出侯服、绥服、要服、荒服等四个越来越大的同心圆圈。王的权力虽然可以辐射到五服全地域,但随着与权力中心距离的增大,边缘地区与王的关系明显是层层疏远了。这一等差性领土结构还有另一套稍微更复杂一点的名称系统。《逸周书·职方》(《周礼·夏官·职方氏》同)说,在"方千里曰王畿"之外更有九服,以五百里为界,由内到外分别是侯、甸、男、采、卫、蛮、夷、镇、藩等服。《尚书·康诰》简略提及的"侯甸男卫",《尚书·周官》提及的"侯甸"、"六服"等语,大概都属于这个等差系统。它与前述五服系统最大的不同,是把五服中列为"邦内"的"甸"划到邦外之侯服的更外层。《荀子·正论》和《国语·周语上》关于五服的说法与《禹贡》大体相同,不过二者都把第三服称作"宾"服,而未用绥服的名称。但是对我们现在的讨论而言,最有意思的是,它们都明确宣称,"蛮夷要服,戎狄荒服"。这正是一幅典型的内夏外夷的地理分布图,不过此处尚未言及"海外"各种更带有虚妄的传说性质、亦即更少人间气息的群落集团而已。

内夏外夷作为一种实际的地理分布状况,大致形成于春秋、战国之际。《国语·郑语》论西周末年成周四方的华夷形势说:

> 当成周者,南有荆蛮、申、吕、应、邓、陈、蔡、随、唐,北有卫、燕、狄、鲜虞、潞、洛、泉、徐蒲,西有虞、虢、晋、隗、霍、杨、魏、芮,东有齐、鲁、曹、宋、滕、薛、邹、莒。是非王之支子、母弟、甥舅也,则皆蛮夷戎狄之人也。

可见在此时的华北核心地区,华、夷诸人群是互相错杂分布的。但这种局面在此五六百年之间发生了极大的改变。《左传》"定公十年(前500)"记孔子之言,把夷人叫做"裔夷"。他声称"裔不谋夏,夷不乱华"。以"裔"(即边裔)、"夷"对举,表明当日的蛮夷已被位置于华夏的边缘地区。换言之,随着华北核心地区的夷狄不断华化,或则被排挤到周边外缘地区,"内夏外夷"逐渐由刻画诸夏文化态度的固定言说而兼有了陈述北部中国民族分布格局的涵义①。到战国时,夷夏关系在各诸侯国大体都已转变

---

① "内夏外夷"作为一种文化态度,之所以会在诸夏人群中形成,或许与下述原因密切相关。即较早发达的"诸夏"文化,突起在一个地舆极其广袤,然而又因东渐大海、西披流沙、北阻戈壁、南绝崇岭而相对隔绝(转下页)

为边防的问题。不过到这时候为止,所谓"夏"还是一个复数的概念,所以还叫"诸夏"。

中央集权式统治技术在战国中后叶的发明与完善,使各诸侯国可能将这一新的统治技术与西周分封制下"普天之下,莫非王土"的政治理想结合在一起,争相去追求建立君主专制的中央集权统一国家的目标。于是春秋时代旨在保存王政、维持"诸夏"多国体制的争霸战争,转变为取代王政、力图摧毁其他诸夏国家的兼并战争。随着秦统一中国,"诸夏"观念中的复数因素终于被排除出去。"天下"以中国这个统一国家为中心,事实上,中国成

(接上页)的空间范围内。这就很容易使得诸夏的人们将这个空间看作就是整个人类世界("天下"),并把自己相对发达的文化形式看作"天下"唯一的文化。于是自我与他者之间的文化差别,就不再是不同种类的文化,而被认为是唯一形式的文化之不同发展阶段之间的差别。换句话说,诸夏共同体之外的各种人群,都被看成是在人格和品质上低于华夏的不完善的人。于是就在诸夏一方产生了"夷夏之别"乃至内夏外夷的立场。当然,这里还涉及另一个问题,即从公元前20世纪起,中国史前文化多头起源、多元发展的形势,为何以及如何被"三代"在华北突起的局面所改变?对此目前还难有令人满意的解答。也许正是由于华北黄土地带易于垦殖而生活资源又相对匮乏,迫使那里的原始人群必须、并且也有可能不断地扩大自己的生存空间,由此便极大地提高了各人群内部以及他们之间社会互动的程度。而后者又推动着那里的社会控制与社会动员的幅度和技术都以超越上古中国其他地区的规模发展起来,成为将华北的史前文化最终地提升为一种新文明的最重要牵引力。参见赵辉《以中原为中心的历史趋势的形成》,《文物》2000年第1期。

为"天下"唯一的真正国家;在它的周边,则是各种文化上落后、政治上不同程度地依附于中国的边缘人群。

关于"天下"的这种意识形态化的政治言说,基本上将其关注点限制在"海内"的范围,即把天下等同于"海内"。中国不但在天下之中,而且也是海内世界的主体。中国之外的蛮夷世界全被压缩在天下的边缘。这很像是一条线状的边缘,至少它的幅员是极其有限的。秦兼并六国的事业,被当时人称为"并一海内,以为郡县",或曰"平定海内,放逐蛮夷"。始皇帝廿八年的琅玡刻石称:"六合之内,皇帝之土。西涉流沙,南尽北户,东有东海,北过大夏。人迹所至,无不臣者。"所谓"北过大夏",其实仅只"据河为塞",即以长城为限;"西涉流沙",更未达于今河西走廊。将秦的如许疆域径视为"六合"、"海内"或"天下",表明秦人对"大夏"、"流沙"以外所谓蛮夷地带的幅度之宽广,几乎毫无印象。在这一线之外的"海外"世界,似乎长期地只以民间想象的补充形式而存在。记载有关讯息最为丰富的,当数《山海经》一书。

这部书应该是由不同时期成于众手的诸多文本拼合而成的,所以其中甚多重复或抵牾之处。大体说来,《五藏山经》和《海内经》所述,基本上是与"五服"相当的现实世界(包括它的边缘地带)各区域内地理、风物、对方土神祇的祭拜及占卜等事；从现实进入想象世界的那条交汇线，就隐约摆动在《海内经》和《海外经》所述区域之接界地带的这一边或那一边（确实有不少场合，它开始于《海内经》地盘的外围区域）；而《大荒经》则在许多地方好像是对《海外经》记载的简略化、合理化修正，同时又往往为那些据说是中原古"帝王"之后的诸国民人补叙出其所自出之姓氏[①]。因此，战国秦汉间的人对外部世界的观念，可以说最集中地反映在《海外经》以及稍后的《淮南子·墜形训》里。后一种杂家著作所述"凡海外三十六国"，有三十四个与《海外经》相同。以下所列，斜杠前、后分别为载录于《墜形训》和《海外经》中的国度：

　　修股民／长股之国；天民／先民之国；肃慎民／肃慎之国；

　　白民／白民之国；沃民／沃之国（《大荒西经》）；

　　女子民／女子国；丈夫民／丈夫国；奇股民／奇肱之国；

　　一臂民／一臂国；三身民／三身国；结胸民／结胸国；

　　羽民／羽民国；灌头国民／灌头国；裸国民／《山

---

① 松田稔《〈山海经〉的基础的研究》，东京：笠间书院，1995年，页15。

海经》无

三苗民/三苗国;交股民/交胫国;不死民/不死民;

穿胸民/贯胸国;反舌民/歧舌国;豕喙民/《山海经》无

凿齿民/凿齿;三头民/三首国;修臂民/长臂国;

大人国/大人国;君子国/君子国;黑齿民/黑齿国;

玄股民/玄股之国;毛民/毛民之国;劳民/劳民国;

跂踵民/跂踵国;句婴民/拘缨之国;深目民/深目国;

无肠民/无肠之国;柔利民/柔利国;一目民/一目民;

无继民/无膂之国①

---

① 按郭璞注膂为"肥肠也",谓"其人穴居土食,无男女,死即薶之。其心不朽,死百廿岁乃复更生"。是则虽人无继嗣,而其国仍得长久也。据此,两国之名,其意实有互通之处。一谓膂因与胤字形近而讹,"无胤"即无嗣、无继之意,故此处"可据《淮南》以校《山海经》"。见张双棣《淮南子校释》,北京:北京大学出版社,1997年,页485—486。

上述国度中的居民,绝大多数属于古代中国人在着意刻画截然地区别于自我的"他者"形象时天真而异想天开的杜撰。这些反常的形象往往带有各种动物的特征,要么就是身体异常甚至残缺者,还有的简直原本就是华夏边缘的蛮夷,如肃慎、灌头(即由被放逐的尧臣灌兜演变而成的南蛮)、三苗,乃至《大荒西经》里的北狄、《大荒北经》里的犬戎之类。因此我们有理由认为,在这些"他者"形象创造者的观念中,"海外"是未经文明充分地开化过的各种蒙昧人群的生息地。

不过话还得说回来。《海外经》和《大荒经》里也记载了不少未必那么蒙昧的人们。松田稔注意到:

> 《海外经》虽然按南、西、东、北的顺序来记述周围各奇异国度中的稀见动植物,但混杂在那里面,也有关于在《山经》中已被作为帝来记载、而被传说者们认为是中原帝王的帝尧、帝舜等人的记述;而且还有对中原人们来说是被当作理想状态的诸国度的记述。在'海外'四经总计七十九项记事之中,关于帝王的有六项,言及理想状态的则有七项。

他在一一枚举上述十三条记事后小结说:

> 在被认为是对于奇异的异界国度的记载里,有

这样的关于中原帝王事迹与坟墓的传说,并且还存在着向往中的那种生命长久而衣冠带剑、秩序整然的诸国。从这些来看,把《海外经》的世界简单地断定为未开化的、野蛮的、异类的世界,应当认为是错误的。①

松田的质疑确实很有挑战性,但是我们也许不应当忘记,《山海经》采录的诸多民间传说,往往有很不相同的言说语境。其中有些传说资料,很可能反映了上古的人们对超越其现实生存环境而向外在地理空间渗透的极古老幻想②。在这一前提下,《山海经》的传述者们对"海外"、"大荒"之中的某些人群与当日华夏有共同渊源的意

---

① 松田前揭书,页10—13。
② 清代以来的大部分学者认为,《海外经》、尤其是《大荒经》的写定年代当晚于《五藏山经》。但即使前两者的文本写成于汉代,被采集在其中的诸多传说资料依然可能是早先历史时代的遗存物。《大荒东经》记述东海中的"流波山"时写道:"其上有兽。状如牛,苍身而无角,一足。出入水则必风雨。其光如日月,其声如雷。其名曰夔。黄帝得之,以其皮为鼓,橛以雷兽之骨,声闻五百里,以威天下。"这一则传说与身为黄帝大臣的那个夔的传说相比,其形成年代显然要更加古老。类似的例证不一而足。该书所采传说资料的古老性,亦是《五藏山经》的特征。它的写成,一般都认为是在战国时期。但是松田稔揭示出,《五藏山经》中记述的有关动物,其构成状况与殷墟出土的动物遗存的构成最具相关度;所以前者反映的,可能主要是殷人有关动物的知识。参见松田氏前揭书第二章第一节"《山海经》的动物群"。

识，并不必然地会妨碍他们随时代的推移而越来越倾向于把那一大片外部世界看作是"海内"蛮夷区域的某种伸延。

事实上，若细读经松田稔揭出的那十三条事项，即不难发现，所谓中原帝王事迹，除尧、俊、颛顼等人的葬处，以及禹命竖亥"步自东极，至于西极"（按文意，则此健行之人只是在"海外"从事步测而已）之外，其所涉多为"小颊赤肩"或"九首，人面蛇身而青"之类的神怪，他们与当日传说中基本保持人类形状的神仙大不一样，反而更接近"三十六国"之民；而处于所谓理想境界中者，同样是"人面蛇身、尾交首上"，或则为有男无女的"丈夫国"[①]。真正不带有这种或那种截然不同于凡人的异类特征的，如"君子国"中人，只在其中占极少数！他们很可能被看作是从远古偶尔流落到外界、而一仍其旧地保持着古风的个别人群。这种情况应当部分地反映着如下事实，即《山海经》的历代传述者们总是在无意识地用后来的观念不断汰选或"修正"更早先的传说。无论如何，"君子国"

---

① 按：与"丈夫国"相对应，同在《海外西经》中的还有"女子国"。依郭注，该国女子不与男交而受孕，若产男，则三岁辄死。所以在女子国中是没有成年男人的。由此可知丈夫国中亦无女子。故郭注谓此国男子"终生无妻，而生二子，从形中出，其父即死"。

一类传说的存在,实不足以改变"海外"世界蒙昧蛮荒的基本品格。流传民间的各种朴素想象与传说,就这样在官方化的"天下"外缘又铺展出一个广袤的"海外"世界。然而此种铺展却很少以知识上的真实性作为其依据。

汉武帝时代的人们,不仅在对"海内"非华夏地区的了解方面达成了长足的进步,而且在原先"海内"的范围之外,又发现了一个巨大而真实的人间世界。"从前被位置于神话世界的土地和人群,如今开始获得各自的实在名称、特定地形地貌、其他种种自然特征,及其社会和经济的不同特性"。于是,如何将描述域外的"神话地理学"转变为一种"探察地理学"的任务,就被提上了历史日程①。但这里会碰到一个不可避免的问题:这一片新近进入汉人地理知识领域的外部世界,是否都应当按夷夏等差的观念框架而被纳入"夷狄"的范畴中去?

在这个问题上,《史记》之受传统夷夏观的影响,不可谓不深矣。川南、云贵操壮侗、藏缅等语言群的诸族,就全被它归入"西南夷"范围。被汉征服前的朝鲜王其名满者,虽然据说是"故燕人",但那里的原居民仍为"真番、朝鲜蛮夷",所以满在聚众"东走出塞"时,先要"椎髻,蛮夷

---

① 狄考斯莫前揭书,页282—283。

服"(《史记·朝鲜列传》)。秦汉之际分布于岭南的南越王族本出于华北,这大约是事实。但由《史记·东越列传》篇末"太史公曰"所谓"越虽蛮夷"一语可知,作者仍把被南越王"和集"的"百越"(语见《史记·南越列传》),与东越、闽越同视为华夏以外的僻陋人群。

如果说华夏在"中国"即西汉版图之内居于绝对的支配地位,那么在司马迁笔下,中国相对于当日中国之外的全部世界似乎也居于支配的地位。对于后者,《史记》多以"外国"概指之。这里的"外国",可以指匈奴,也可以指楼兰,或者其他各西域国家①。以"中国"与"外国"两相对举,似乎是从更早先的以"中国"与"负海之国"相对称的固定言说中转换出来的。《史记·天官书》记占星之术云:"其(按指太白,即金星)出西失行,外国败;其出东失行,中国败。"王先谦补注《汉书·天文志》相应文句曰:"《占经》引石氏:'太白出西方失其行,负海之国败。'又云:'阳为中国,阴为负海国。'《荆州占》云:'太白出东方失行而北,中国败;失行而南,负海国败。'"《天官书》又

---

① 《史记·惠景间侯者年表序》云,表内所载"外国归义封者九、十有余",是指以匈奴相国、匈奴王、匈奴东胡王等降而见封者,凡十人。"外国"用指西域诸国,见《史记》卷二十,《建元以来侯者年表》、卷一百二十三《大宛列传》。

说:"其(按指辰星,即水星)与太白俱出东方,皆赤而角,外国大败,中国胜;其与太白俱出西方,皆赤而角,外国利。"据王先谦《汉书》补注,《占经》引石氏语略同,惟"外国"作"倍海国","倍犹负也"。《天官书》:"五星分天之中,积于东方,中国利;积于西方,外国用者利。"石氏则曰:"五星分天之中,积于东方,中国大利;积于西方,负海之国用兵者利。"①

石申所指之"中国"与"负海之国",当分别指中州诸国及其周围的齐楚吴越之属②,两者都是复数国家的概念,而且在当时都早已属于华夏国家。但是从其中转换出来的"中国"与"外国",却是一对性质上不相对称的概念。《史记·大宛列传》述条枝国之事曰:"在安息西数千里。……人众甚多,往往有小君长。安息役属之,以为外国。"足证司马迁所谓"外国",实指只有"小君长"的附属国而言。《史记》对匈奴国家的定位,也印证了"外国"的这一特定涵义。

《史记·建元以来侯者年表序》写道:"匈奴绝和亲,

---

① 《汉书·天文志》王先谦补注。末句所引石申之语,见《唐开元占经》卷十八。
② 《史记》卷七十《张仪列传》谓:"齐西有强赵,南有韩与梁。齐,负海之国也。"

攻当路塞;闽越擅伐,东瓯请降。二夷交侵,当盛汉之隆。……自是后遂出师,北讨强胡,南诛劲越。将卒以次封侯。"《天官书后序》言及元光、元狩后的边功则谓:"京师师四出,诛夷狄者数十年,而伐胡(按:即匈奴)尤盛。"诸如此类的言辞均把匈奴置于"内冠带、外夷狄"的传统的夷夏等差结构之中。上面引述过的《天官书》中那几处"外国",在《汉书·天文志》的相应文句中都被改写为"夷狄"。马续这样做,看来是深得其前辈旨趣的。

把新近发现的广袤的域外人烟居处,看作原先官方言说中"中国"外缘之狭窄空间的自然伸延,这在当时应是一种相当普遍的思潮①。司马迁的独到之处,似乎主要表现在以下两个方面。一是他力图将有关域外人群的新事实、新知识纳入由"太史氏"成员历代承袭的解释框架中去,这样一个"普遍的平衡结构","把天、自然与人事全都囊括在内"②。《天官书》写道:"昴、毕间为天街。其阴,阴国;其阳,阳国。"这里的"阴国"与"阳国",据前揭王先

---

① 如《史记》卷一百十二《主父偃传》记传主谏伐匈奴之语,认为须以"禽兽畜之,不属为人",更不必"甘心于外国"。又,《史记》卷二十四,《乐书》录汉武帝《天马歌》有云:"天马来兮从西极,经万里兮归有德。承灵威兮降外国,涉流沙兮四夷服。"歌诗以"降外国"与"四夷服"等。是"外国"即"四夷"也。《乐书》虽非出自司马迁之手,惟其所言,当非出自凿空。

② 参见狄考斯莫前揭书,页292。

谦补注《汉书·天文志》所引石申之语,本来分别指"负海国"和"中国"而言,但是司马迁却说:"中国于四海内,则在东南,为阳。……占于街南,毕主之。其西北,则胡、貉、月氏,诸衣旃引弓之民,为阴。……占于街北,昴主之。"经过司马迁的调整,在本体论意义上与天文学相贯通的上述"普遍的平衡结构",其空间覆盖面就被极大地扩展了。另一个方面,《史记》对匈奴前史的追溯虽然不能说十分准确,却反映出司马迁力图遵循着时间轴线,在夷—夏相抗的久远过程中去认识关于匈奴历史定位问题的苦心。

把拥有异质文化的人们群体看作"野蛮人"的观念,在古代大概是十分普遍和自然的现象。而"诸夏"在兼并战争中变成一统之国,则排除了华夏文化内部原有的多国体系观念。在"夷夏之辨"早已深入人心的西汉,我们可能没有理由苛责司马迁,说他错过了利用最新地理资料来扭转传统的世界秩序观的珍贵机会。但是,《史记》以其巨大的文化影响力,事实上又有力地强化了此种以夷夏差序、中国独大为特征的世界秩序观。不能不说,这是《史记》所表现的一种最显著的历史局限性。

(本文原载《中国学术》总第二十六辑,2010年)

外一篇

漫 谈 读 书

一、前言：书贵熟读

这几年的中国图书出版业,一直非常繁荣。借用我的一个朋友的话,书摊上从"天王巨霸、黑枪红血"到"丰乳肥臀",差不多已经应有尽有。

不但书本的题材丰富、数量巨大,而且还有不少新的图书形式流行起来。比如主要依赖漫画或动漫图像来叙事的书,文字在其中只作为辅助表达的形式出现,或许可以称它为"绣像版"图书,像蔡志忠的漫画老庄、漫画禅说、漫画论语等;又比如"网络版"图书,让作者在与许多读者不断互动的过程里把他的书写下去;还有一种可以叫"中华鳖精版"图书,由编者把书中各节各大段的中心思想、主要结论、特别精彩的议论见解等等,都排印在正文的边框部分,本意是帮助读者消化,等于代他们作读书笔记,有点像用推销鳖精来抢老鳖生意的样子;再比如"有声版"图书,电子版外文词典就是最典型的例子;近两年来尤其火爆的,则是"讲坛版"图书,它不需要由读者自己来阅读,他们只要"听书",也就是通过靠用耳朵听明星二传手的宣讲去接近名著。

读书在当代中国人日常生活或文化消费中的地位,正在变得越来越重要。甚至在地铁最拥挤的时段,我们也会看到有很多乘客读书看报。中国人过去讲究"敬惜字纸",凡写过字的纸,就要对它加以尊重和爱惜,对书那就更要恭敬了。所以读书之前先要"焚香沐浴",端正好精神。读书也由此变成一件太庄严、简直还有几分沉重的事情。现在,大多数人不会再这样看待读书,它已经转变为很多人打发闲暇时光的一种习惯性活动,构成人们业余时间里更日常、更随意的生活内容的一部分。

这当然是好事情。但是中间也隐然存在一些问题。总的来说,在绝大部分人们中间,现在流行着两种占支配地位的读书方式。一是应试读书的方式,另一种则是休闲快餐式的随意阅读。应试读书方式主要流行在中小学生群体里。而休闲快餐式的随意阅读,不但正在日甚一日地支配着已经没有应试压力的成人读书活动,即使是对仍然在校的大学生来说,因为与中学阶段相比较,应试压力已大大减轻,所以一头栽进休闲阅读状态的人,也绝对不在少数。我们甚至还可以说,在应试阶段读书读得越被动、越是疲惫不堪的学生,升学压力减缓后转入休闲阅读状态的意向就越强烈,转变的程度也越彻底。

这绝不是危言耸听。我只举一个例子。如果你要正在历史系学习的学生说出一种最使他们印像深刻的书,那么他们中间十有八九会举《万历十五年》作为回答。如果你追问这本书好在哪里,他们往往会答复说,它与他们所读过的大多数历史著作都很不一样。但如果你再进一步要求他们具体地谈谈这种"很不一样",他们的回答就开始变得不知所云。你可能很明确地要他们回答下面的问题,即本书蓄意围绕着 1587 年这样一个"无关紧要"的年份(作者把它称为 a year of no significance),去叙述万历帝、申时行、张居正、海瑞、戚继光、李贽等等著名历史人物的所作所为,它究竟是想告诉读者什么? 这时候,他们的回答大多会变成一堆完全不得要领的含糊言辞。由此可知,阅读在他们脑海里只留下一片十分浮泛的印象。

他们是阅读活动里的"印象派"和"朦胧派"。据我所知，阅读效率低下这一现象，在庞大的读者群中其实是一种非常普遍的现象。

当然，每个人在一生里都会碰到许许多多不同类型、不同质量的书籍。其中有些可以基本不看；有些可以随看随丢；有些只需要草草浏览一番就行了；有些可能要采用跳跃式阅读法，从当中挑出若干章节来读读；有些值得从头到尾地将它通读一遍；还有一些是需要更加花力气熟读的，要把纸面上的文本印到自己的心里去。不管是什么样的书，采取一式一样的读书方法或读书策略去对待，或者无论看什么书，都期望自己能达到相同的阅读效果，这肯定不是聪明的办法。我们需要随时根据不同阅读材料本身的价值和特点，选择不同的阅读方法。

不过，在许许多多的读书方法里面，有一种方法最重要、最关键、最需要我们去用心加以培育。我在这里指的就是"精读"的方法。这并不是说，我们对所有的书都需要精读。一个人一辈子能精读的书籍总是十分有限的。但是，一个人要是没有过精读的体验，还没有通过精读几本或者十几本书籍来训练和改善自己的阅读习惯、提高阅读效率，那么我就会怀疑他已经真正掌握了读书的方法。只有学会了精读，你的速读、跳读、泛读甚至随便翻翻,也才会有充分的效果。古人说:"书贵熟读。"所谓熟读,其实就是精读的意思。

关于精读,朱熹对他的学生讲过一段很耐人寻味的话。他说:

> 老苏(指苏轼和苏辙的父亲苏洵,他的这两个儿子史称"小苏",所以把小苏的老爷子叫做"老苏")只取《孟子》、《论语》、《韩子》(指韩非子的书)与诸圣人之书,安坐而读之者七八年。后来做出许多文字如此好!他资质固不可及,然亦需着如此读。只是他读时便只要模写它言语做文章。若移此心与这样资质去讲究义理,那里及得来?是知书只贵熟读,别无方法。

朱熹对老苏非常称赞,但也有批评。要真正读懂他的评论,还需要对他说这段话的历史背景有一点了解。

我们知道,自从两汉经学衰落以后,中国的思想文化经历了一个长达七八百年的转型。朱熹正处在这个转型最终完成的时代,事实上,他本人恰恰就是这次思想文化转型的集大成者。如果要用最简单的话来概括这样一次转型,我们可以说,中国思想文化,古人称之为"斯文",一个美国学者把这个词翻译为 This Culture of Ours,经历了一个从"文学"到"文以载道",再到"直指天理、天道"的漫长过程。这里说的"文学",包括文学艺术的创造这个意思在内,但远远不止是指文学创作而言,而是指的体现在中国传统典籍里的文化精神,尤其是指礼乐、典章、艺文等等的形式规范。在唐代后期,内在于"斯文"中的"道"被韩愈用"文以载道"这个口号明确地凸现出来。到北宋和南宋思想家的手里,儒学传统终于完成向"理学"的转变;它的关注中心从外在的行为规范转移到人对德行和道德自主的修证问题,所以可以说它是"直指天理"。

老苏和小苏其实都是讲求"文以载道"的,但在朱熹看来,他们还是文学有余,求道不力。因此说苏洵读古代经典,"便只要模写它言语做文章"。但苏洵读书得法,天资又高,所以"后来做出许多文字如此好",以至于一方面让朱熹赞不绝口,另一方面又使他觉得十分惋惜。照朱熹看来,假如苏洵能用他那样读书的方法去追求经典中的"义理",也就是精神价值,凭他那样的天资,那就没有人还能追得上他。

朱熹用五个字来概括苏洵的读书功夫:"书只贵熟读。"这还不够,他紧接着还要再强调一句:此外"别无方法"!所谓"熟读",也就是选择少数最要紧的书,"安坐而读之",不贪多、不求快、不偷懒,反反复复,老老实实,把它们读熟、吃透,变成一辈子学问和涵养的根基。

上面举的是一个古人的例子。接着我还想介绍一点现代人的经验。

我曾经在哈佛大学做过两年访问学者。在那里我碰到过很多研究中国历史文化的第一流学者。如果有个别接触的机会,我总是喜欢向他们提出同一个问题,就是请他们推荐一部属于他们各自专门领域里最值得阅读的基本著作。有些人会马上回答我这个问题;也有不少说需要考虑一下,稍后再用电话或电子邮件回答我。所以我以为他们的答复都是很认真的。可是,当我按照他们的提示,到图书馆里去把这些书翻出来看看时,我就有点纳闷了。那些书往往都比较老,粗粗一读,并不觉得特别有吸引力,有些甚至已不再出现在新一代研究著作的参考文献目录里。这是怎么回事呢?后来我才渐渐明白,这些学者所推荐的,经常是他自己阅读经验中让他留下最深刻印象的那本书,也可能是对他进入后来的学术领域影响最大的书。可见一个人学问再高、再大,真正奠定他的基础,真正会影响他一生,让他总是记得、总是珍视的,也就是不多的那几种书。但是不是有那么几本书透彻地印刻在心里,对一个人来说,那肯定是大不一样的!

所以怎样读书,这是需要学习的一件事。而学会读书,关键在学会精读。这就需要有意识地去抵制阅读与理解中的"印象派"和"朦胧派",在应试式的读书法和休闲快餐式的随意阅读方式之外,自觉地培育一种既使人赏心悦目、又高度能动的专注阅读。它与应试式读书方法不一样,却又完全可以促进应试能力的提高,同时帮助学生克服应试阅读所可能产生的各种负效应,比如灌输教育带来的被动学习态度,成绩优秀但逐渐丧失学习兴趣,僵化的应对模式,只注重表达技巧而欠缺思考的深度等等。

有一点需要在这里加以强调的是,我并不认为应试式的读书法就那么全无是处。其实老师在讲解教科书时所演示的条分缕析、提纲挈领的分析方法,就十分接近于刚才讨论过的精读法。可惜应试教育中的被动学习情景,使大部分学生很难通过在老师辅导督责下研读教科书的经验去体察自主能动的精读法。所以一旦从应试压力下被解放出来,他们的读书工夫只会不断向后退转。

从这一点出发,很值得回过头去,看看古人怎样读书。毫无疑问,今天的人已经不可能,也不必要完全恢复古人读书的方法。但是古人的读书经验,对于我们如何才能在阅读中做到最大限度地去贴近文本,从文本中挖掘出尽可能多的内在涵义,也就是如何培养精读的能力,还是具有非常值得重视的启发意义的。因此,在接下来的漫谈里,我会比较多地结合中国古人的经验,更具体地介绍"书只贵熟读"的一些入手方法,或者说是入手途径。

概括起来,我会讲四个方面的问题。第一,古人所谓"读书须成诵"对我们的启示;第二,"不动笔墨不翻书";第三,读书要做到专一和善疑;第四,读书须求"入味"而"贵自得"。前两条是关于读书基本功的,后两条说的是读书时应有的境界。如果这四条能落实,"书只贵熟读"对我们来说就不再是一句空话。

今天讲的,算是一个开场白吧。就说到这儿。

二、"读书须成诵"的启示

上次我们说,"书只贵熟读"。可是"熟读"好像还是一个有点太抽象的要求。那么究竟要读到什么样的程度,才能算是"熟读"呢?

对古人来说,"熟读"的一个最起码的表现,是能够"成诵"。"诵"字的原意即大声背诵。古人很重视背诵能力。让我举两个例子。

宋朝著名的文学家和书法家黄庭坚五岁时,已经能够背诵五经。有一天他问老师说:"从来都称六经,为什么只读五种?"他的老师回答:"《春秋》不足读也。"这在当时人中是很流行的一种看法,最典型地反映在王安石把《春秋》称作"断烂朝报"的评语中。可是黄庭坚说:"是何言也。既曰经矣,何得不读?"据说他于是"十日成诵,无一字或遗"。《春秋》的本文用一万六七千字的篇幅记载了大约二百四十年间的大事,从文本字数来说,还算不得是一部大部头的书籍。可是要用十天就把它原原本本背出来,在今天看来仍然足够让人吃惊了。

另一个故事是关于苏东坡的。他曾经被人检举;罪名是利用诗歌和"谢恩表"之类的文章攻击政府,因此还吃过一顿冤枉官司。他的对头后来承认,在被审讯的过程中,苏轼对二三十年前所作文字、诗句,乃至引证经典和关于它们的传注,都能"随问即答,无一字差舛"。古史中经常会有某人"千言过目,成诵不遗","一览即诵,不一字差","举书传常连卷,不遗一字"之类的描述。还有些人把《汉书》看过两三遍,便能熟知全书,随口加以引证。

当然,"一字不差"云云或许有一点夸大。苏轼就有过把孔子弟子的话当乃师言论来引述的情况。另外,古书中引文的字句也常常会与原文的文本小有出入。但这只有让我们更加佩服引用这些文字的作者。因为诸如此类的小差错反而可以千真万确地向我们证明,作者写下这些引文时,完全是在直接按照自己的记忆来这样做,而不是像现在的人那样,把一个书面文本摆在前面照着抄。

黄庭坚、苏轼都是名人,所以他们的博学强记比较容易被后人记得。但记忆力的超强,其实是古代读书人的一个群体特征。在有些人身上,它甚至表现得就像是一种"特异功能"。

宋朝人的笔记里说到过当时江阴的一个姓葛的秀才。有一次,他去拜见地方官。在候见厅里,他碰到另一名士人先已等在那儿,模样显得十分神气活现。这位葛君便很恭敬地向他作揖问候。对方见葛君穿戴贫寒,有点看不起他,一副爱理不理的样子。葛君非常不满意。坐了一会,他便问道:"你来见地方官,有没有'衔袖之文'?"这是指古代士人为求长官或前辈的赏识,而在见面时向后者呈献的代表作品,叫作"行卷"。那人自然没有忘记带着它。葛君便向他要求看一看。此人素来自负,于是很得意地把自己的行卷出示给葛君。葛君接过来"疾读一过",口称"大好",当即交给。不一会儿,两人一起拜见地方官。眼看谈话就要结束,葛君突然说:"我这些不成样子的文章(自谦之辞),都已被这位老兄占为己有。刚刚他呈献的那些篇章,真正的作者其实是我。我可以当场把它们背一遍,以作证明。"然后他就高声背诵起来,居然"不差一字"。在座的人们都信以为真,纷纷责备那个被捉弄了的可怜虫。"其人出不意,无以自解,仓皇却退"。回家后想想气不过,结果生了一场大病。葛生把自己的特长用来对人施行恶作剧,哪怕因为别人先得罪了他,也不足为取。但用这个故事来证明古人多"强记",还是有一点说服力的。

故事还没有说完。这位葛秀才的住家邻近有一个经营染布业的铺子。一天晚上发生火灾,把整个店铺连同记录着客户所交付的托染布匹数量、品种的账簿一起都烧掉了。有些客户乘店主丢失了凭据,加倍向他索要赔偿,把老板急得团团转。他的儿子忽然想到,失火前一天,葛秀才正好路过店铺,曾经在柜台上顺手翻阅过那本账簿。于是店主准备了酒菜,去找葛君商量。"葛饮毕,命取纸笔,为疏某月某日某人染某物若干,凡数百条,所书日月、姓氏、名色、丈尺,无毫发差"。店主拿着它,"呼物主,读以示之,皆叩头骇伏"。

有关葛秀才的上述传闻,未必完全真实。稍晚的元人笔记,也提到为试验某人记忆力,让他诵读染铺营业簿的事。世上哪里有好记性的人个个都去背洗染店账本的事情？这更像是宋元时代流行的一种固定的"话语",用来形容某些人超强的记忆力。而当时人们的记诵能力强过现代人无数倍,则肯定是事实。

这样说有没有证据呢？只要回忆一下唐朝人常常说的"三十老明经,五十少进士",或者宋人所谓"焚香礼进士,嗔目待经生",其中的道理便可看作最硬朗的证据。

明经和进士分别是唐宋时期科举考试的两个最主要的科目。不过当时人对科举的这两个科目的重视程度大不一样。进士的取录标准主要是文学创作的才能,所以进士科成为展示读书人才华的主要竞争科目。考的人多,录取难,中选者也更受社会的尊敬。明经科考的是记诵,可谓"手抄义疏,口诵集解(义疏、集解都指各种各样为经典作解释的文字),心熟笺注(笺注也指对经典的注释,或者对注释经典的文字所作的再解释)",所以被古人看作是一条"舍精就简,去难从易"的进身之路。可见记诵在古代士人群里已经变成一种寻常技能。人们离不开它,把它当作升官发财的敲门砖。可是另一方面,大家也不大稀罕它,因为能这样做的人们有的是。从这里可见,古人的记诵能力普遍地优越于今天的人们。

为什么古人会在记诵能力方面大大超过现代人呢?

一个很重要的原因是,在印刷术普及之前,在纸张取代竹帛成为最基本的书写材料之前(此种取代之完全实现要晚至两晋之际),也就是当人们在一生中只有很珍贵、很稀少的几次机会能够接触到典籍的时候,记诵是一般人保存文本的最可行的办法。也正因为这样,人们记诵文本的潜在能力就被最大限度地发挥出来了。这种能力不但在少数人身上表现得特别突出,同时对很大一部分读书人来说,它也是一种必须掌握的基本技能。

朱熹说过:"古人皆用竹简。除非大段有力地人,方做得。若一介之士,如何置?"他举东汉一个名叫吴恢的人为例子说,吴恢准备用竹子制成竹简,抄写《汉书》。他的儿子提醒他说:"你如果真把《汉书》抄下来,所用的竹简要足足堆满两辆牛车。"吴恢听了,才不得不放弃这个念头。非有力之家,自己既然置备不起书面文本,那怎么办呢?朱熹说:"盖古人无本,除非首尾背得,方得。至于讲诵时,也都是背得,然后从师受学。"例如汉人黄霸在监狱中,要想跟着夏侯胜学《尚书》,就花了一年多时间先将《尚书》文本背出来,然后才敢请夏侯胜替他讲解。

人身上很多器官的功能,其实都是极有开发潜力、也极有弹性的。我还看见过这样的老先生,在先秦诸子的书里随便提拎出哪一句都能接着往下背。比我年轻的人,大概就很难再见到这样的学者！但是我想大家一定还记得自己的奶奶或母亲辈,在二十年前她们都还有很强的心算能力,能在菜场上一分钱不差地把自己所采购的副食品价钱很快心算出来。可是自从手掌计算器普及之后,人们的心算能力急剧衰退,现在连卖小菜的人都已经变得不会心算。前几天有一个朋友告诉我,在手机流行之前,他能记住一百多个电话号码,但是现在因为依赖手机,他连十个电话号码也记不住了。

背书能力的减退,也跟人们有了更多更方便的替代背诵来保存文本的方法有直接关系。所以朱熹在宋朝就已在埋怨:"今人所以读书苟简者,皆有印本多了。"既然发明了印刷,书籍的获得比过去已经大为便利了,背诵是否就不再必要了呢？

显然不是这样。记诵潜力的发挥固然与典籍难求有一定的关系,但是在中国古人的读书传统中,记诵又远远超出了作为机械地保存典籍文本的方法或手段的意义。朱熹说:"读书须成诵,方精熟",就是这个意思。即使手中有了书面文本,还是强调"成诵"的原则。

在这里,我们还要举苏东坡为例。有一个夜晚,他在《赤壁赋》中提到过的"雪堂"中,再三再四地诵读《阿房宫赋》。每读完一遍,即反复咨嗟叹息,至夜深时分还不肯罢休。这就苦了在外间侍候的两名陕西老兵。主人不就寝,他们当然也只好干等着。其中一人长叹说:"知他有甚好处!夜久寒甚,不肯睡,连作冤苦声。"另一人说:"也有两句好。"先说话的这位大怒道:"你又理会得甚底?"答曰:"我爱他道:'天下人不敢言,而敢怒。'"原来他是将杜牧的这两句话,当作了宣泄自己怨气的寄托。

所以,成诵的目的,主要不是为了简单地复制一个文本,而是为了在"精熟"的程度上去充分地对它加以解读。它不仅是一种储存书籍的方法,更是一种读书的方法。还是如朱熹说过的:"书须熟读。所谓书,只是一般。然读十遍时,与读一遍时终别。读百遍时,与读十遍时,又自不同也。"

现代人还有没有可能把自己要读的书,哪怕是最需要读的那几本书,全都背将出来呢?当然已经完全不可能了。还有很多人不仅看汉文的书,也看不止一种的外文书。你要叫他都背下来,否则就说他还没有看得"精熟",那怎么行?

如此说来,我们刚刚说的古人所谓"读书须成诵"的那些经验、那些故事,对我们还有什么益处吗?我以为仍然是有的。这里有两点值得提出来说一说。一是读书要进入状态,就需要有一种凝神聚气的专一精神。怎么才能使人具备这种全神贯注的精神状态?背诵就是培养一个人在读书时能很快把自己调理到入神状态的基本训练方式。背过书和没怎么背过书的人,在这方面是大不一样的。

二是对掌握古汉语来说,背诵最经典的那些篇章,是一个最有效的学习方法。你如果能熟读背诵一两百篇不太长的名作在心里,你阅读古汉语的能力也就基本解决了。

所以今天的人还需要讲究背诵,它的最主要的目的,在于培养一种让人能很快进入阅读状态的好习惯。背书大概是现在的学生最头痛的一门功课。不知道从什么时候开始,背诵已经差不多被不少人当成"死记硬背"的同义词。但是最害怕、最讨厌背书的人,常常是那些读书时最容易走神的人。可见把一些最精美的篇章读到能"成诵",依然是今人学会读书的一项基本功。

三、"不动笔墨不翻书"

前一次节目里,我们谈的是古人关于"读书须成诵"的经验对现代人培养读书基本功的启发。今天我想说说读书不仅要用眼,还必须要动手的问题。当然,读书总是要动手的。你翻书不就是在动手吗?不少的人还有一面看书、一面吃零嘴的习惯,那就更需要一刻不停地动手了。我指的并不是这样的动手,而是指读书还要勤用笔。用一句老话来讲,这叫"不动笔墨不翻书"。让我们从古人的另外两条读书经验谈起。这两条经验分别是"录"和"校"。

"录"就是抄书。前面已经提到过,纸张成为中国人最主要的书写材料,那要到大约两晋之际,也就是公元4世纪之初。在这之前,一般人很难自备抄写在竹简或绢帛上的书籍。因为竹书体积太大,存放太困难;而绢书又太贵,买不起。所以当时只好靠背诵来保存文本。纸张的使用流行以后,记诵作为吃透文本的一种读书法被保留下来,而靠记诵来保存文本的方法就慢慢地被抄写书籍的方法取代了。虽然从北宋开始,雕板印刷广泛投入使用,但在现代商业出版发展起来以前,人们获得雕板书籍的机会毕竟还是很有限的,所以抄书成为很多人复制自备文本的一个重要办法。

明朝的"开国文臣第一人"宋濂,写过一篇很有名的文章,题为《送东阳马生序》。在那篇文章里,他回忆自己幼年的经历说:"余幼时即嗜书。家贫,无从致书以观。每假借于藏书之家。手自笔录,计日以还。天大寒,砚冰坚,手指不可屈伸,弗之怠。录毕,走送之,不敢稍逾约。

以是人多以书假余,余因得遍观群书。"

为什么他"不敢稍逾约"? 当时人有"三痴"的说法,其中之一便是"借书与人曰痴"。意思是借书不还的事太多,所以书籍不可轻易借人。正因为如此,宋濂向人借书,不敢稍微超过约定的还书日期,否则再借就难了。

另一个例子,说的是金末元初人王思渊。此人"闻一异书,惟恐弗及。……志气精强,目览手笔,日且万字。不十年,得书数千卷"。

但是与记诵同样,录书也不仅是保存文本的方法而已,它本身即是一种读书方法。所以古人有"一录则胜数过"的说法,意思是抄录一遍,其效果远胜于从头到尾地读上好几遍。司马光在位于洛阳的"独乐园"里有一个著名的"读书堂",堂内藏书万卷。但他仍然经常动手抄书。除了整篇整本地抄录,摘录、笔记也是通过"录"来加深对文本理解的一种途径。古人留下了很多读书笔记,可以让我们从中去琢磨、体会他们是如何读书的。

所谓"校",是指校勘,就是发现和求证书面文本在被反复传抄或雕刻印板的过程所造成的各种错误,比如错字、漏字、"衍文"(文本中本来不存在的多余字句)、"错行"或"错简"(把文本原来的行列次序或书页次序搞颠倒了),等等。

在印刷术投入使用前,古书都经历过以记诵文本和抄写本的形式流传的阶段,而且每种文本都被反复地辗转记诵或抄录了不知道有多少回。在每一次这样的记诵和传抄过程中,都不可避免地会发生若干差错。结果,年久天长,同一典籍的文本在这样方式的传播中变得差异极大。上面说到的情况,即使在印刷书籍出现之后仍没有改变。一是印刷本所依据的底本原来就各有差异,二是印刷雕板过程中又会发生一些新的错误。

所以古人读书,在诵、录之前,第一步是先作文字上的校对,以尽可能地保持文本的准确性。这里有两层很不容易做到的地方。首先,照本改字,就是选出一种版本,把它当作标准文本,来发现和订正另一种版本的文字。要把这一步工作做到家,也就是真正做到不错不漏,本身即是一件说来容易做来难的事情。校书如扫落叶。院子里的落叶,绝不可能一遍就打扫干净。校书也是这样。书中的增衍错漏之处,即使有反复多次的过细功夫,也是难得一网打尽的。不过,想要做到上面这一步,虽然不容易,但它毕竟还像是一道很机械的工序,只要有足够的细心和耐心,总还是办得到的。这很接近于现代印书业工艺流程里的"校对"这样一道工序。

校书之难,更难在从不同文本的字句差异之间作出尽可能准确的判断与取舍,这才是一件更加显现真功夫、硬功夫的难事。因为古代读书人在为自己手里所拥有的文本做校勘时,往往找不到那个一字不错的最标准、最权威的文本可以拿来作依据。就很多古代经典而言,这样一种最标准、最权威的文本,甚至早已经不存在了。在这样的情况下作校勘,就要求读书的人凭自己的学力、见识和经验,在几种不完全相同的文辞中,决定孰是孰非,从而为自己的文本挑选出一个最符合上下文原意、最合情合理的词语。所以段玉裁曾说:"校书之难,非照本改字不讹不漏之难,定其是非之难。"

让我举一个"定其是非之难"的例子。我们都知道有一个成语叫"新亭对泣"。西晋末,北方有"五胡之乱",西晋政权放弃中原,逃到淮水以南,建立偏安半壁江山的小朝廷。《晋书·王导传》说,东晋贵族们每逢闲散日,都互相邀约,在长江边的新亭宴饮。一次,有一个叫周顗的人在座中叹曰:"风景不殊,举目有江河之异!"他的意思是:大自然的景色本没有变化;但是举目一望,我们这些宴游人却已从黄河边搬到了长江边上。经他一提醒,大家都伤心起来,"相视流涕"。在记载同一个故事的《世说新语》里,周顗这句话的下半部分有点不一样。其中的"江河之异"被写作"山河之异"。流传到今天的《晋书》各种版本,多已将"江河"改作"山河"。两种写法,意思是有一点差别的。按《世说新语》的文本,意思就变成风景依旧,但山河疆土的归属却已不同于往昔了。那么在"江河"、"山河"两者之中,究竟哪一个才该是《晋书·王导传》原来文本中使用的语词呢?北宋的大学者司马光在《资治通鉴》中引述《晋书》,采用了"江河之异"的说法。宋元之际的大学问家胡三省也不赞成改易史文。所以现代校订《晋书》的学者,据《通鉴》和胡注,决定把《晋书》里这句被误改过的话又改了回来。你们去查中华书局点校本《晋书·王导传》,里面的"江河之异"一语,就是这样来的。

千万不要把校勘功夫看作雕虫小技。其实从它最能看出一个人的学术眼光到底如何。有一个代表了"乾嘉汉学"传统的了不起的学者叫钱大昕。他在读《后汉书》卷六十八《郭泰传》时,在传文末尾处发现有七十四字"词句不伦"(与上下前后的文字不相般配),于是举出不依前文避讳体例称字而称名等"四疑"(四个方面的质疑),推测此七十四字本非《后汉书》中的原文。但最初他还只能"质疑",而无法完全证实自己的看法,因为当时能看到的《后汉书》的各种版本,全有这七十四个字。他没有直接的版本依据来证实自己的猜想。但在他的这一见解发表之后,人们发现了一部明嘉靖年间的福建版《后汉书》,是当时根据一种宋代刊本来翻刻的。检阅这个刊本中的《郭泰传》,果然如钱氏所言,没有那七十四字。这才断定上述七十四字原属唐太子李贤的注文,是宋以后才窜入《后汉书》的正文当中去的。假如不是钱大昕目光如炬,谁能从那么一大片文字里发现混进原文的这七十四个字?

古人把"录"和"校"看作是与"成诵"同等重要的读书基本功,看作是促使阅读者进入文本的重要方法。那么现代阅读者是否有必要完全照着他们的样子去做呢?我想不会有人赞成说,我们还应该把古人的这些读书方法照搬到今天来。尽管如此,它们对现代人培养健康的阅读习惯,还是具有很要紧的借鉴意义。概括地说,虽然我们今天很少再通过抄书的形式来研读文本,而校勘古书的方法也早已变成一种只有极少数专门家才掌握的技能,但是贯通在"录"和"校"中间的一条读书法则,在今天仍然是充分有效的,那就是"不动笔墨不翻书"。

在我刚进入初中那年的开学典礼上,当时的校长、一个老教育家叫李楚材,做过一个如何学习的报告。他对我们说,读书时要力求"五到"。我至今记得他列出这"五到"时的神态。他一面扳着手指一面说:"眼到,口到,耳到,手到,心到。"前三个"到",其实就是在讲"成诵"的"诵"字,第四个"手到",也就是"不动笔墨不翻书"。有了这前面的四"到",才更容易有"心到",也就是推动着你的心,或者说你的思想,真正进入到文本里面去。

"不动笔墨不翻书",讲得更直白一点,就是读书一定要勤于做笔记。我们最初学习做笔记的时候,往往首先注意到文本中那些吸引人的片言只语,或者也可以把它们叫做"闪光的语言"。看到"播下的是龙种,收获的却是跳蚤",觉得这个句子好,赶快写下来。又看到"让别人都去战死,你呵,光荣的奥地利,去结婚吧"!啊,这个更好,又写下来。这一类的话,也许充满在我们的第一本读书笔记簿里。

但是我们的笔记可千万不能一直停留在这样的水平上。坚持读书时做笔记,不完全是为了在今后好把它当储存知识点的备忘录来使用,而更应该在读书当时就用它来最大限度地促进我们对文本的理解力和领悟力。它不是积蓄已有知识的钱包,而是通过读书获得知识的催化剂。因为借助于笔记,最容易促使我们在阅读的同时,就不断清理和消化已经获得的种种初步印象以及阅读者对此的感受,及时把它们转化成更带确定性的判断或认识，从而使得接下去的阅读也变得更有效。寻章摘句式的笔记无法满足这样的需要。

笔记的方式多种多样。其中对训练"精读"最有助益的一种笔记方式，也许可以叫做"写读"式笔记，就是把阅读的那本书用"简写"的方式重讲一遍。它要求做笔记的人在认真通读全书的同时，在自己的笔记里写下全书的总线索，以及作者层层推展开来的那些基本环节、基本论据、最关键和最重要的细节讨论，以及全书解释框架的内部逻辑和建构特点。可以用自己的话来表述，但特别精彩或重要的地方，也可以尽量采用文本中原来的文字，稍加压缩，重新组织成文。如果我们能根据各自的具体情况，选择一两种或几种可能"影响你一辈子"的书籍，通过"写读"的方法，眼手并用，认真阅读，那么我们的阅读效率一定会因此获得极大的提高。

在使用"写读"法来从事精读方面，我们有一个很好的典范。我们都知道，英国历史学家汤因比有一部为他赢得全球声誉的名著，书名叫《历史研究》。很有点讽刺意义的是，虽然知道这部书、并且因为这部书而崇仰汤因比的人很多很多，但真正看完原书的人却少之又少。原因其实很简单：它实在是太长了，总共有十卷、三千多页！甚至学术界，主要也不是通过阅读汤因比的原书，而是通过本书的一个缩写本来了解这部巨著的。这个缩写本的作者叫索麦维尔。他大大简化了原书的叙述,把三千页的篇幅压缩到三册共五百六十多页,却巧妙地把原书中几乎全部精华,甚至包括很多非常辉煌生动的句子,都原封不动保留下来。连汤因比自己都承认,这个缩写本做得太出色了,即使让他自己动手,也做不到它现在的样子。

比较一下《历史研究》原书和它的缩写本的篇幅,我们会有这么一个概念:用"写读"法来做精读笔记,篇幅大的可以达到原书五六分之一的样子。这是十分花人气力,但又十分于人有益的事情。

四、专一与善疑

在前面两次节目里,我们已经说到,古人读书,高度重视诵、录、校这三项基本功。现在我还想强调,他们读书,又绝不仅止于诵、录、校。宋朝的谢良佐,最初以为学问不过就是强记博闻而已。他在见程颢的时候,"举史书成篇,不遗一字",自以为表现很出色。想不到程颢并不欣赏,对他说:"贤(对交谈对方的尊称)却记得许多,可谓玩物丧志。"谢良佐听到这样的评价,窘得汗流浃背,满脸通红。可是,等他看到程颢读书,"又却逐行看过,不蹉

（错失）一字"。他一开始很不服气，但后来终于省悟过来，并且拿自己的这个认识过程作"话头"，去开导其他"以记闻为学"的后生。

上面的故事说明，读书不可不始于诵、录、校，但光做到"逐行看过，不蹉一字"，却又是远远不够的。读书的种种基本功，有助于引导我们进入良好的境界。但良好的境界本身，也应该成为我们有意识去追求的目标。这个目标包括专一与善疑、"入味"与"贵自得"。我们今天的话题，就围绕专一与善疑的读书境界来展开。

读书时，要做到对文本的理解字字到位，一个字都不肯轻易放过。拿朱熹的话来讲，这叫做"一棒一条痕，一掴一掌血"。可是，一个人若不能定心专一于书中文字，便做不到这样的效果。所以，"读书须先定其心。使之如止水、如明镜。暗镜如何照物"！朱熹又把像这般"如止水、如明镜"的心，称为"湛然凝定心"。只有持着这样一颗"湛然凝定心"去读书，才能看得文本的"缝罅处"，才能透彻地寻着文字中的"道理"。朱熹说："若不见缝罅，无由入得（无从进入文本的内在精神）。看见缝罅时，脉络自开。"

那么所谓书中"缝罅"又是什么意思呢？他的另一段话说："学者初看文字，只见得个浑沦物事（指浑然一体，未经剖分)。久久,看作两三片,以至于十数片。方是长进。如庖丁解牛,目视无全牛是也。"庄子曾记述过一个动作干净利索的宰牛人,自云最初三年,目中所见,无非全牛。此后见得的,只是牛的骨骼构造,宰牛时"以神遇而不以目视",即操刀时不再仅凭目测,而是凭着心里对牛的骨骼构造的熟悉掌握来顺势运刀。所以他说,骨头与骨头之间的缝隙虽然不大,但总还是有一定空间的,而刀刃很薄,几乎没有厚度,"以无厚入有间,恢恢乎其于游刃必有余地矣"。因此他宰的牛超过一千头,所用宰牛刀已经接近使用年限,但刀刃还是像刚开刃时的新刀那样毫无缺损。由此可知,朱熹所谓缝罅,指的是构成文本各部分之间的接缝处。这要靠阅读者定心凝神,才看得破。

然而要养成一颗阅读时的"湛然凝定心","使身心都入在这一段里面",却是说来容易做来难的一件事情。人们最常犯的毛病,就是"一边去看文字,一边去思量外事"。结果不但枉费工夫,而且天长日久,养成了走神的习性,就越发没有办法去收束自己的心。被休闲快餐式的浅阅读支配的人,最容易如此。还有一种常见的毛病,把读书当一项带有自我强迫性的任务来完成。才看了几页,就忍不住翻到结尾处,看看离读毕全书又少了几许页。所以他老是不能把心定于正在阅读的那一页上,"看未到这里,心已在后面(心走到眼睛的前面);才看到这里,便欲舍去了"。这样的阅读,最多也只能是心不在焉的低效阅读。所以朱熹指出:"读书不可有欲了底心。才有此心,便心只在背后白纸处。了无益。"

这是说的"专一"。下面再说善疑。

"疑"是指一种积极追问的精神。还是朱熹说得好:"读书无疑者,须教有疑;有疑者,却要无疑。到这里,方是长进。"元朝的许衡,曾在当时的国立大学里当校长。他的传记说:"诸生或有疑问,则为之喜见颜面。因语之曰:'书中无疑,能以为有疑;有疑,能使之无疑。学斯有得矣。'"

所谓"疑",当然不是在提倡不管三七二十一地怀疑一切,或者蛮不讲理、吹毛求疵地去否定别人。清朝有个学者叫毛奇龄,平生不喜欢苏东坡。一次在京师中,有人问他:你说苏轼的诗文不好,那么,"竹外桃花三两枝,春江水暖鸭先知"难道也写得不好吗?想不到这一招没有难倒毛奇龄。他当即愤愤然地回答:"鹅也先知,怎只说鸭?"在场的朋友都被他逗得捧腹大笑。

读书要善疑,并不是指这种毛奇龄式的强辩。恰恰相反,古人读书,力求先放下自己的主观臆想,空虚了心,丢去了种种成见预设,以便使自己能真正逼近文本原有的意思。这叫"放宽心,以他说看他说,以物观物。无以己观物"(在理解文本的时候,要力求逼近书中的原意,按原书作者的见解去看待他讲述的东西,而不要把自己的主观见解强加到作者身上,或者他的讨论中去);"以书观书,以物观物,不可先立己见"。

所以提倡"有疑"、善疑,很重要的一点是,它应该包括勇于并善于质疑自己的立场观点。因此朱熹又讲:"人之病,只知他人之说可疑,而不知己说之可疑。试以诘难他人者以自诘难,庶几自见得失。"

但是人对于自己的主观有限性,往往难以在骤然间就认识得一清二楚。所以看书若看到无法理会的疙瘩处,就应当小心提防自己的陈旧见解,看它是否阻碍了见识的长进。正像朱熹所说:"到理会不得处,便当涤去旧见,以来新意。仍且只就本文看之。"也就是说,"学者不可只管守从前所见,须除了,方见新意。如去了浊水,然后清者出焉"。

所以,毛奇龄式的善疑,不值得推崇。中国学术传统的最高境界是"平实",即所谓"极于高远,而卒反就于平实"。追问应当一直追到平实之处,而不是靠危言耸听、巧言令色,使人蒙蔽于一时。

我们都知道唐玄宗与杨贵妃的故事。唐明皇迷恋杨贵妃,而那个野心勃勃的边防统帅安禄山又拜杨贵妃为干娘,借杨贵妃的保护来掩盖图谋举兵叛乱的野心。结果满朝都知道安禄山必反,只有唐明皇和杨贵妃不知道,或者不愿意知道。等到安史乱军杀入唐朝统治的心腹之地,这对倒霉的皇帝夫妻只得匆匆离京出逃。半路上护卫皇帝的军队哗变,要求处死杨贵妃。唐皇迫不得已,逼迫杨贵妃自杀。

反映这段故事的白居易的诗篇《长恨歌》,其中有两句写道:"七月七日长生殿,夜半无人私语时。"有人说,长生殿是祭神的宫殿,绝非"私语"之处,当改作飞霜殿才符合情理。清代的考据家阎若璩指出,这种见解的根据出于《长安志》。据该书,天宝六载改温泉宫为华清宫,重新命名其中洗浴的宫殿为九龙殿,寝宫为飞霜殿,祭神的宫殿则名为长生殿(据《唐会要》,该祭神殿此前名为集灵台)。这样说来,唐明皇和杨贵妃夜半私语的地方,果然应在飞霜寝殿。

那么,白居易错了吗?阎氏接着又征引《资治通鉴》卷九〇七中胡三省的一条注文指出,唐代皇帝寝殿亦可通称长生殿。洛阳、长安、骊山都有长生殿。故而长生殿一词实有两义：一为专名，华清宫祭神宫殿是也；二为通名，唐宫中的寝殿是也。白诗所谓长生殿，即以该名的后一义言之，所以不必改动。经过这一番反复，对白诗的理解，就可能比过去又推进了那么一小步。这个究竟应该如何理解"长生殿"之名的故事，还可以接着讲往下讲。不过到此为止，或也足以说明问题了。疑的过程，实际上就是一个由约而博、又反博归约的思考过程。有疑故而要发问，有问然后才有学。"疑"的态度，就这样推动着我们读书的深入和学问的长进。

所以"不动笔墨不翻书"的功底，应该与读书时专一与善疑的境界像水乳交融一样地结合起来。著名的历史学家吕思勉、严耕望等人，自述为学之道，都提到自己用的二十四史，都只是最普通的版本。虽然版本普通，但是他们却在上面下足了功夫。不但边读边校，而且多用几种颜色的笔对人名、地名、重要字句进行圈点。书一翻开，都是五彩斑斓。

谈到读书需有疑，就使人想起古史研究方面一个影响巨大的现代疑古派，又叫古史辨学派。其实疑古派的老祖宗，可以说是孟子。他指出，《尚书》讲述周武王灭商的故事时说，商王的军队离心离德，部署在前面的步兵掉转头来，反戈相向，结果商军大败，战场上"血流漂杵"（地上流淌的鲜血使被丢弃的盾牌都漂了起来）。孟子说，牧野之战中周人投入的兵力，不过"革车三百乘，虎贲三千人"。战争的规模怎么也不至于惨烈到"血流漂杵"的地步。他的结论是："尽信《书》，则不如无《书》。"

古史辨学派揭示出，时代越后，关于上古的传说却越被追述到更靠前的时期。西周时的人们所了解的最古的人是大禹。而生活时代比西周晚了几百年的孔子却在谈大禹之前的尧、舜。战国时的人更把上古史追溯到尧舜禹之前的黄帝和神农。到秦朝，有三皇再加一个伏羲。晚至汉朝，又把苗人神话里的盘古借用过来，追为开天辟地人祖。就像这样，古史辨学派把有关上古的各种神话按照它们最早出现的年代排列起来，向我们证明，古史传说中的故事或者它们的主角，怎样随传说产生年代的由远及近，而从简单变得复杂，从粗陋变得雅致，从地域性事件或人物变成全国性的事件或人物，从非人非神的怪物变成神，然后再从神变成人。例如，禹的原始形象被雕刻在商周青铜器上，那是一条有足的大虫。西周时它已演变成上帝派到人间社会来帮助人们治水的神，再后来变成开辟夏王朝的圣王。

疑古派的立场、方法和许多研究结论，在当时引起全国学术界的热烈讨论,对于澄清遮盖在中国上古史的真实面目之外的重重迷雾,作出了伟大的贡献。但是后来,这一立场被毫无节制地加以放大,也造成了对古史、古书的粗暴否定,比如《周礼》、《左传》,就曾被认为全是汉代刘歆所伪造。不仅如此,近年来通过出土简帛的研究,我们发现,还有不少被疑古派划入伪书之列的古籍,其实也是被冤枉的。

大家都知道有一则伊索寓言,说农夫老死的时候,想把自己耕作经验传给儿子们,说:"我要离开人世了,你们帮我把藏在了葡萄园地里的东西挖出来吧。"儿子们纷纷挖遍了葡萄园的每一寸土地,却什么金银宝藏也没有找到。但是到了秋天,由于葡萄园被深耕了一遍,却结出了比往年多得多的葡萄。

所以"善疑"须要在熟读的基础上才做得。拿朱熹的话说,叫做"熟读后自有窒碍不通处,是自然有疑,方好较量。今若先去寻个疑,便不得"。所以他把善疑看作是继"熟读"、"精思"之后才应当下的功夫。

五、入味而贵自得

所谓"入味",是我从古人的以下这些话中间概括出来的一个说法:"读书须到不忍舍处,方是见得真味"(朱熹);"弄书册而游息时,书味犹在胸中"(黄庭坚);"睡余书味在胸中"(陆游,诸说俱见《潜邱札记》引)。

关于读书读到"见得真味",在这里略举一两个有趣的例子。13世纪中叶,华北有一个名叫刘德渊的士人,某夜与另一个读书人"对榻学馆"。半夜三更,他突然起床,把同屋者摇醒,说:"我对汉朝诸葛亮的言论忽然产生一种不同看法,可惜未能与他生在同时,否则一定要当面向他请教。"这大概就是陆游所谓"睡余书味在胸中"。否则他怎么会在半夜三更这么激动地从床上爬起来?

另一个是司马光的故事。这位老先生罢官退居洛阳的时候,成天用读书打发日子。一天早晨,有一个学生去拜访他。老先生见面后兴奋地向学生宣布曰:"昨夕看《三国志》,识破一事。"于是叫学生搬出《三国志》和《文选》,当场检阅有关魏武帝曹操《遗令》的记载。

我们知道,人既然要在临死时留下遗嘱,必定会选择最紧要的事情来交待后人。曹操的《遗令》有数百言之多,细及"分香卖履"之事,即怎么样分配家里积存的香料(中国香料多为外国进口货,这在当时算是一种很贵重的物品),嘱咐众多婢妾都要学习编织绣鞋,好出售补贴家用等等。对这一类琐细的事情,他说得再详细不过,可对他死后如何处置曹氏与东汉王室的关系问题(或者说是否以魏代汉的问题),却一字不曾提及。这件事使司马光久思而不得其解。那天晚上他对这个问题突然有了答案。所以老先生问他的学生曰:"遗令之意为何?"他的学生回答:"曹公一生奸诈,死到临头,总算吐出几句有点人情味的话。"司马光大呼不然,他说:"此乃操之微意也。……操身后之事,有大于禅代者乎?今操之遗令,谆谆百言,下至分香卖履之事,家人婢妾,无不处置详尽,无一语语及禅代之事。其意若曰:禅代之事,自是子孙所为,吾未尝教为之。是实以天下遗子孙而身享汉臣之名。"

司马光凭着厉害的眼光,久经思考,总算窥破了曹操遗令中的"微意"。他对遗令的分析,非常符合曹操一贯的思想动态。在司马光看来,曹操"蓄无君之心久矣。"但有一样东西始终牵制着他的行动,这就是他对"名义"的畏惧。所以曹操对自己作为汉室重臣的身份,是还看得很重的。他曾明白表露,自己本来的志向,只是能够封一个侯,死后能在墓前立一块"汉故征西将军曹侯之墓"的碑,想不到时代把他簇拥到成功的顶峰。他自我赞许说:"奉国威灵,仗钺征伐,处小而禽大,推弱以克强。意之所图,动无违事;心之所虑,何向不济。遂荡平天下,不辱主命。"志得意满的心情跃然纸上。可是笔锋到这里突然一转:"可谓天助汉室,非人力也!"所以他说,历史上有两个人物最与他的心相通：一个是西周的文王，"三分天下有其二，以服事殷"；另一个是被秦二世冤杀的边疆统帅蒙恬，因为他将兵三十万，势力足以叛秦，却接受秦二世的命令，自杀身亡。他说，他每读这两个人的事迹，"未尝不怆然流涕也"。可见曹操虽然明知在他儿子那一代必有代汉之事发生，但他自己还是想保全臣节。简单地把这样的想法斥为"虚伪"、"奸诈"，并不完全符合实情。

司马光对自己能窥破曹操心事颇为得意，他说道："此遗令之意，历千百年无人识得。昨夕偶窥破之。"接着，他又郑重其事地告诫学生："非有识之士，不足以语之。"这位被老师视为"有识之士"的客人真是受宠若惊，连忙反过来恭维老师说："非温公识高，不能至此。"吹捧归吹捧，司马光的如炬目光，不能不使我们佩服。这种眼光，与他"见得真味"的读书法当然是息息相关的

提倡读书要存"疑"、要"入味"，不等于说就可以对文本作任情随意的主观发挥。毫无约束的"疑"，会变成"疑心生浪鬼"；毫无规定性的"入味"，会引得人走火入魔。为此，在读书时保持一种"大其心"而"使自得"的精神状态，也就显得格处重要。

"大其心"而"使自得"，是说读书"当玩味大意，就自

己分上着实体验。不须细碎计较一两字异同。学问之道无它,求其放心而已"。或者如程颐所说:"读书当平其心,易其气,阙其疑(存疑),则圣人之意见矣。"

疑与入味,都应当避免过分的、刻意的人为操作成分,尽可能追求一种自然而然的认识过程。完美实现这一过程,关键在于要保持一种平心、易气(即气度舒坦、平易)的精神境界。平心易气,换一个说法,即"须放心、宽快、公平以求之";或曰"须是大其心,使开阔"。大其心之所以必要,因为"心大则百物皆通,心小则百物皆滞"(俱见《近思录》引)。心大,百物皆通,对世间万物的理解自然达成,这叫"优游涵善,使自得"。所以宋儒认为"大抵学不言而自得,乃自得也。有安排布置者,皆非自得也"。这里所谓"安排布置",指挖空心思的纯主观臆测,指过分地依赖于各种人为技巧或手段,对文本作牵强附会的过度解释,指拿某种绝对的、主观的、一成不变的尺度去衡量人间和自然世界。

如果允许我略微离开一点本题,那么我要强调,平心易气,或者"大其心",不仅是一种读书态度。在宋儒那里,它也是一种更广泛意义上的为人处世的态度。古人说:"士大夫视天下不平之事,不当怀不平之意。平居愤愤,切齿扼腕,诚非为己。一旦当事而发之,如决江河,其可御耶？必有过甚覆溺之至。"此种心态的人，宋朝就有一个典型在，那就是王安石。可以说，这就是宋朝以及后来诸多中国政治家与王安石的根本对立之处。儒家讲"视天下不平之事，不当怀不平之意"，那意思不是说人不应该有是非好恶的基本立场或基本态度。儒家追求自己的政治和道德理想，态度是很执著的。但他们反对通过激烈的、颠覆性的社会动员手段去达成自己的政治主张。他们向来对革命所天生带有的偏激性质保持着高度的警觉。当然，革命在有些历史场合很难避免。在这时候，儒家的立场就显得有点保守。但当革命出现"如决江河"、"校枉过正"的局面时，儒家立场的合理性就较容易被人们认识了。这当然是另一个话题。因为对"不当怀不平之气"一句很容易引起误解，所以在这里附带说几句。

"贵自得"还有一个意思，即强调通过直接地接触文本去感知和体察它的丰富涵义，而不须经过有些不必要的中介环节隔靴搔痒。在这方面，章学诚有一段话已经讲得极透彻。他说，文章的佳胜，只有靠读者自己去体悟，是他人无法代劳的。"如饮食甘苦，衣服轻暖，衣且食者领受，各自知之，而难以告人。如欲告人衣食之道，当指脍炙而令其自尝，可得旨甘，指狐貉而令其自被，可得轻暖，则有是道矣。必吐己之所尝而哺人以授之甘，搂人之身而置怀以授之暖,则无是理也。"

　　学问要靠自己体会得来,否则即使拿了别人的正确结论来高谈阔论,仍未免变成一种落实不下来的空言,难免于己于人都不济什么事情。朱熹举例说:"曾见有人说《诗》。问他《关雎篇》,于其训诂名物全未晓,便说'乐而不淫,哀而不伤'。某因说与他道:'公而今说《诗》,只消这八字,更添"思无邪"三字,共成十一字,便是一部毛诗了。其他三百篇,皆成渣滓矣!'"他又举某人评论用"体用一源,显微无间"来概括程颐的《易经传》说:此说固然好,"然须是看得六十四卦、三百八十四爻都有下落,方始说得此话。若学者未曾子细理会,便与他如此说,岂不误他?"

　　关于如何读书,我们已经进行了五次漫谈。主要是从古人的读书法切入对阅读基本功和阅读境界的讨论。有一个人的议论,反复被我在这个漫谈中引用,这个人就是朱熹。他是中国文化传统完成从唐到宋的转型过程的终结者和集大成者。这次转型的历史成果,也就是所谓程朱理学,曾长期被我们看作是扼杀人性和压制思想自由的封建反动学说,但这样的看法其实是极端片面的!

　　朱熹在教育学生的过程中说过的许多话,后来被他的学生们回忆、收集起来,编成一部大书,叫《朱子语类》。

其中有两卷是专门谈读书法的。对这个问题有进一步兴趣的听众,我建议你们去把这两卷找来,自己读一读。

　　读书是我们一生中学习的重要途径。读书本身也需要学习。现在让我把我们在这个漫谈节目中讲到过的看法,编在一首打油诗里,作为这次节目的一个小结:熟读精思手勤动(成诵、不动笔墨不翻书,勤作笔记,用写读法做非常详细的读书笔记),句句钻探不放松(用心专一,看到文本里面)。看出罅缝须善疑,心自宽快气优融(心大则百物皆通;求自得,不过分"安排布置",培养优游涵融之气)。

图书在版编目(CIP)数据

司马迁和他的《史记》/姚大力著.—上海:复旦大学出版社,2016.5(2022.10 重印)
(复旦小文库)
ISBN 978-7-309-11667-0

Ⅰ.司… Ⅱ.姚… Ⅲ.①中国历史-古代史-纪传体②《史记》-研究 Ⅳ.K204.2

中国版本图书馆 CIP 数据核字(2015)第 171484 号

司马迁和他的《史记》
姚大力 著
责任编辑/宋文涛

复旦大学出版社有限公司出版发行
上海市国权路 579 号 邮编:200433
网址:fupnet@fudanpress.com http://www.fudanpress.com
门市零售:86-21-65102580 团体订购:86-21-65104505
出版部电话:86-21-65642845
浙江新华数码印务有限公司

开本 787×1092 1/32 印张 7.25 字数 111 千
2016 年 5 月第 1 版
2022 年 10 月第 1 版第 4 次印刷

ISBN 978-7-309-11667-0/K·545
定价:35.00 元

如有印装质量问题,请向复旦大学出版社有限公司出版部调换。
版权所有 侵权必究